GOLDMANN **SCHOTT**

Carl Orff (1959)

ANDREAS LIESS

# ORFF

## IDEE UND WERK

Wilhelm Goldmann Verlag

Musikverlag  B. SCHOTT'S  Söhne

Diese Taschenbuchausgabe wurde von Hannelore Gassner
bearbeitet.
Abbildungen: Archiv B. Schott's Söhne, Mainz bzw.
Orff-Archiv, Diessen.

Neubearbeitete Auflage

1. Auflage Juli 1980      · 1.– 6. Tsd.
2. Auflage Oktober 1984   · 7.–12. Tsd.

Made in Germany
Lizenzausgabe mit freundlicher Genehmigung des
Atlantis Musikbuch-Verlages, Zürich/Freiburg i.Br.
© 1977 by Atlantis Musikbuch-Verlag, AG, Zürich
© 1980, 1984 der Taschenbuchausgabe:
Wilhelm Goldmann-Verlag, München
Umschlaggestaltung: Heinz-Jürgen Kropp, Mainz
unter Verwendung eines Fotos von Daniela-Maria Brandt, Ehrenkirchen
Druck: Presse-Druck, Augsburg
Verlagsnummer: 33038
Redaktion: Gerda Weiss · Herstellung: Gisela Ernst
ISBN: 3-442-33038-6

Wer über Orff zu schreiben hatte, der mußte die prinzipielle Bedeutung seiner Arbeit kennen, oder es hatte keinen Zweck, daß er überhaupt die Feder ansetzte. Mit Orff rührte er an die Fundamente des Theaters, an mimischen Urstoff und an symbolische Weltdeutung, ans Elementarste und ans Sublimste, an reines Spiel und reinen Geist . . . Man wird Orffs Schaffen nicht gerecht, wenn man es ausschließlich unter musikalischen Gesichtspunkten betrachtet. Neben die Ursprünglichkeit seines Musikertums tritt gleichbedeutend die anregende Kraft seiner Ideen für das szenische Kunstwerk überhaupt, das im tönend bewegten Raum den singend und spielend bewegten Menschen als Gleichnis des Lebens widerspiegelt.

K. H. Ruppel

# VORWORT ZUR TASCHENBUCHAUSGABE

Carl Orff hat die erste Gesamtdarstellung von Person und Werk durch den Wiener Musikschriftsteller Dr. Andreas Liess autorisiert und hält bis heute daran fest. Er erklärt das Werk nach wie vor für gültig. Es erschien erstmalig 1955 im Atlantisverlag, 1965 in englischer Sprache und 1977 in zweiter Auflage.

Hannelore Gassner, die mit und über Orff gearbeitet hat, verfaßte die Kapitel über die seither entstandenen Werke („Comoedia de Christi Resurrectione", „Der gefesselte Prometheus", „De temporum fine comoedia").

Sie hat ferner den gesamten Text (für das pädagogische Werk in Zusammenarbeit mit Dr. Werner Thomas) einer Revision unterzogen. Für die vorliegende Ausgabe hat sie den Text erneut revidiert und Werkverzeichnis und Bibliographie auf den letzten Stand gebracht. So ist die Authentizität der Neuausgabe dieses Buches gewahrt.

Wir danken Frau Gassner und Herrn Dr. Thomas sehr herzlich für ihre Mitarbeit.

Wilhelm Goldmann Verlag München
Juli 1980

# VORWORT ZUR 2. AUFLAGE

Vor seinem 80. Geburtstag meinte Carl Orff zu Andreas Liess, dessen zwanzig Jahre zuvor im Atlantis Verlag erschienene Biographie über ihn sei heute noch genau so gültig wie damals, und es wäre schön, wenn sie in einer Neuauflage herauskommen würde. Als der Autor mir diesen Wunsch vortrug, erklärte ich mich gerne bereit, eine überarbeitete und erweiterte zweite Auflage dieses Buches herauszubringen.

Der Autor ergänzte seinen ursprünglichen Text von 1955 aufgrund der 1965 erschienenen englischen Ausgabe, und die Theaterwissenschaftlerin Hannelore Gassner steuerte die Kapitel über "Comoedia de Christi Resurrectione", "Prometheus" und "De Temporum fine Comoedia" bei. Dr. Werner Thomas, der besondere Kenner des "Schulwerkes", hat das betreffende Kapitel ergänzt. Diese beiden hervorragenden Orff-Kenner haben den ganzen Text einer Revision unterzogen und beim Lesen der Korrekturen mitgeholfen, wofür ich ihnen von Herzen danken möchte.

*Daniel Bodmer*
*Atlantis Musikbuch-Verlag*

# PRÄLUDIUM

Salzburger Festspiele 1949: Ich mache die Bekanntschaft mit "Antigonae", die mir zum nachhaltigen Erlebnis wird; ich mache die persönliche Bekanntschaft von Carl Orff.

Jahre vergehen; mein Interesse bekommt durch das Hören auch anderer seiner Werke neue Nahrung. Eine Anfrage bei Orff, ob ein Buch über ihn von meiner Seite genehm wäre, wird mit Ja beantwortet. Zahlreiche Besuche in seinem gastlichen Münchner Heim sind die Folge; Wochen, angefüllt mit Studien, Unterhaltungen. Geheime Laden öffnen sich, alte Partituren kommen ans Licht. Und Orff plaudert. – Was für ein charmanter Erzähler er ist! –

Gewiß, eine Grenze hält er zielsicher fest: Es soll und darf nur über *das Werk* geschrieben werden! Alles Persönliche, alles Biographische, das Psychologen oder ein sensationshungriges Publikum interessieren könnte, ist ausgeschlossen. Ereignete es sich im Verlaufe der Plauderstunden, daß Orff diese Barriere selbst übersprang, und glaubte man sich dadurch berechtigt, den einen oder den anderen Zug zu erhellen, so stellte er selbst mit einer ironischen Bemerkung alles vorher Gesagte in Frage. Halb bewußt, halb unbewußt vereitelt er so jede Ausforschung der näheren Lebensumstände. Bündig sagt er: "Ein Leben kann erst beschrieben werden, wenn es beschlossen ist. Alles andere ist Betrug und Selbstbetrug!"

Gewiß, über die Schichtungen und Strömungen, die ihn getragen haben, gibt er wohl Auskunft. Ohne sie könnte man kein Bild gewinnen. Was er selbst über seine Jugend, seine Selbstfindung, sein frühes Werk in die Öffentlichkeit gelangen lassen will, das ist in diesem "Präludium" zusammengefaßt, über das ich schreibe: Relata refero!

Carl Orff entstammt einer alten bairischen Offiziersfamilie und wurde am 10. Juli 1895 in München – im gleichen Jahre wie Hindemith – geboren. Seinem Studiengang am humanistischen

9

Gymnasium schlossen sich Studienjahre an der Akademie der Tonkunst an (ab 1913/14). Seit seinem fünften Lebensjahre genoß er privaten Musikunterricht in Klavier, Orgel und Cello; sein brennender Wunsch, in der Gymnasialzeit auch Pauke zu lernen, ging zu seinem Leidwesen nicht in Erfüllung. Später waren seine hauptsächlichen Lehrer: Beer-Walbrunn und Hermann Zilcher; beide Meister aber standen Orffs urtümlichem Anliegen fern.

Seiner eigentlichen Ausbildung nach ist Orff Autodidakt. Die ersten Lieder wurden bereits gedruckt, als er noch keine einzige Stunde Harmonielehre gehabt hatte. Das Wesentlichste an Belehrung verdankt er den Partituren der alten Meister.

Ein guter Schüler im Gymnasium, hatte er von jeher einen Zug zum Phantastischen; auch liebte er nur gewisse Fächer; vor allem den Deutschunterricht in Aufsatz und Lektüre; ferner alte Sprachen, Lateinisch und Griechisch, und schließlich Botanik und alle Naturwissenschaft. Leidenschaftlich sammelte er Insekten und gärtnerte mit nicht geringerer Begeisterung.

Über allem stand eine Naturverbundenheit mit der *Musik,* so daß es eine Berufswahl für ihn überhaupt nicht gab. Das Üben am Klavier, gewiß, machte ihm nie Freude, von Kindheit an bis heute! – Es ist immer sein faszinierender Vortrag, nie sein technisches Spiel, das interessiert. Kein Wunder, daß er von früh an es viel reizvoller fand, eigene Musik zu phantasieren, als Czernys Fingerkünste spielen zu lassen.

Phantasieren in Wort und Ton war seine Leidenschaft. 1905 erscheint in einer Kinderzeitschrift die erste von ihm geschriebene Geschichte. Zugleich schreibt er an einer romantischen Botanik. Bald darauf erfindet er Musiken zu seinen Puppenspielen, zu denen er selbstverständlich auch alle Texte schreibt. Das Instrumentarium des Puppenorchesters umfaßt Klavier, eine Violine, eine Zither, ein Glockenspiel – und sehr viel Donnergeräusch auf dem Ofenblech. Er selbst schlug dabei das Klavier "sehr laut", wie er berichtet, inmitten der jungen Musikantengruppe, die seine jüngere Schwester und Schulkameraden stellten.

Seine ersten richtigen Vertonungen, bei deren Aufzeichnung auf der Schiefertafel ihm eine besonders verständnisvolle Mutter half, waren Lieder nach eigenen Texten.

Das Musizieren zu vier Händen mit seiner Mutter, wobei alle erfaßbare Literatur an Symphonie- und Opernmusik durchgespielt wurde, aber auch das Duett-Singen (er besaß in der Jugend einen sehr schönen Sopran) war von grundlegender Bedeutung. Im Elternhaus umgab ihn eine reiche Hausmusik; Streichquartette, Klavier-Quintette wurden gespielt. Das alles nahm der Knabe als ständiges Fluidum in sich auf. Und dazu kam seit dem zehnten Lebensjahre regelmäßiger Konzert- und Theaterbesuch mit seinen nachhaltigen Eindrücken.

Von dem Sechzehnjährigen erschien ein Oeuvre von mehreren *Liedsammlungen* im Druck (1911 bei Ernst Germann, München/ Leipzig):

op. 12    "Eliland, ein Sang vom Chiemsee" (Karl Stieler)

op. 13    "Märchen" (Max Haushofer)

op. 15    "Des Herzen Slüzzelin"

op. 17/2    "Toskanische Volkslieder" (P. Heyse)

op. 18/1    "Der Tod und die Liebe" (Münchhausen)

Alle ersten Erscheinungen sind *Lied*vertonungen. Diesen Veröffentlichungen ist eine große Anzahl von Liederheften und Liederzyklen vorausgegangen. Mit welcher Vehemenz das Schöpferische andrängte, zeigt die Fülle von über einem halben Hundert Liedern, die er von Januar bis Juli 1911 auf Texte von Uhland, Lenau, Hölderlin (!), Münchhausen, Baumbach, Storm, Lingg, Heine (Die Wallfahrt nach Kevlaar), auf altdeutsche Dichtungen aus der Edda (!), nach Arndt, Nietzsche und anderen schrieb. Und das alles noch, ohne theoretischen Unterricht genossen zu haben.

Im Mai 1912 beendigte er sein erstes großes *Chorwerk: "Also sprach Zarathustra"* in drei Teilen (op. 14): I. Nachtlied,

II. Mitternacht, III. Vor Sonnenaufgang. Die Partitur, in stürmischer kindlicher Schrift niedergeschrieben, aber doch schon sehr bewußt geformt, ist für Bariton-Solo, drei Chöre und Orchester mit Orgel komponiert. Jedes Stück hat eine andere Orchesterbesetzung:

Nr. I:      Oboe d'amore, Englischhorn, Klarinette, Fagott, Kontrafagott, 4 Hörner, Posaune, Tuba und Tamtam;

Nr. II.:    Oboe, Klarinette, Baßklarinette, 2 Fagotte, Kontrafagott, 4 Hörner, 3 Trompeten, 2 Tuben, Tamtam, Pauken, Harfe;

Nr. III.:   Flöten, Oboe, Oboe d'amore, Englischhorn, Klarinette, Baßklarinette, Fagott, Kontrafagott, Blechinstrumente, Klaviere (!), 2 Harfen und allerlei Schlagwerk.

Ohne hier auf stilistische Würdigung eingehen zu können, sagt die reine Tatsache dieser Instrumentation über die schon damals eigenartige und bewußte Klangvorstellung Orffs Bezeichnendes aus.

Im Juli 1913 schloß Orff seine erste *Opern*partitur: *"Gisei, das Opfer"*, Musikdrama (!), ab. Die Dichtung, frei nach K.Florenz: Terakoya, war eine romantische Interpretation des altjapanischen Spiels. Musikalisch stand diese Komposition, op. 20, stark unter dem Eindruck Debussys, der inzwischen Orffs großes richtunggebendes Erlebnis geworden war.

Hier findet sich erstmalig das normale große Orchester, in dem alle Streicher – auch Bratschen und Celli – geteilt sind. Im übrigen umfaßt das Instrumentarium: 3 Flöten, sonst vierfaches Holz, 4 Hörner, 3 Trompeten, 3 Posaunen und 2 Tuben, Pauken; an Schlagwerk: Triangel, Becken, große Trommel, Tamtam, Glockenspiel, dazu eine Glasharmonika, ein Klavier, 2 Harfen; die Bühnenmusik – außer unsichtbarem gemischtem Chor:

4 Geigen, 6 Bratschen, 2 kleine und 2 große Flöten, 3 Fagotte, 3 Trompeten, 3 Posaunen, 2 Tuben, Pauke, Gong, Donner- und Windmaschine, Glasharmonika und Harfe. Da die Klanggestaltung in Orffs Schaffen eine so gewichtige Rolle spielt, sind auch hier die Instrumente aufgezählt, die die Eigenheit bereits dieser jugendlichen Klangvorstellung belegen.

Op. 21, im Januar 1914 geschrieben, betitelt sich: *"Tanzende Faune", ein Orchesterspiel.* Nomen est omen. Mit dieser Komposition schließt schlagartig das Schaffen der Jugendepoche ab. –

1915 bis 1917 finden wir Orff bereits am *Theater,* als Korrepetitor und Kapellmeister. Und zwar an den Münchner "Kammerspielen". Das ist von größter Bedeutung; und es ist nicht zufällig, daß Orff Hauptanregungen vom Schauspiel, nicht von der Oper aufnahm. Das Schauspiel stand damals im Mittelpunkt seines Interesses, und die Kammerspiele unter *Falckenberg* mit ihren Strindberg-, Wedekind-, Brecht- und anderen Inszenierungen auf dem Höhepunkt.

Aus diesen grundlegenden Eindrücken sind viele Werke und viele wesenhafte Züge des späteren Orffschen Schaffens zu verstehen: Zum "Sommernachtstraum" formen sich hier schon erste Skizzen; Einwirkungen reichen dann bis zu "Bernauerin" und "Astutuli"; und naturgemäß beruhen auch die "Rüpelszenen" der Strolche in der "Klugen" auf Orffs hier keimender Shakespeareliebe und Shakespearebesessenheit. Er dirigierte selbst zahllose Male die Zilchersche Musik zu "Wie es Euch gefällt" in einer Falckenberg-Inszenierung, die weltberühmt war. Mit größter Dankbarkeit und Verehrung denkt Orff an diesen genialen Inszenator zurück.

1917 leistete er Heeresdienst. Eine innere Krise bahnte sich in dieser Zeit an, die zu einer völligen Wende in seinem Schaffen führen sollte.

Noch 1914 hatte Orff ein großes Werk mit Sologesängen, Chören und Instrumenten konzipiert: die *"Treibhauslieder"* von Maeterlinck. Sie bedeuten den Abschluß der Debussy-Periode.

Auch Schönberg spielte nun zum ersten Male mit seinen "Fünf Orchesterstücken" eine große Rolle. Orff verfertigte in dieser Zeit einen vierhändigen Klavierauszug dieser Stücke sowie der I. Kammersymphonie. Die "Treibhauslieder" brachte er nicht zu Ende und vernichtete sie bis auf Skizzen.

Auch weitere Opernskizzen entstanden in dieser Zeit nach Dramen von Maeterlinck ("Aglavaine et Sélysette", "Der Tod des Tintagiles"), Strindbergs "Traumspiel" und andere; diese Fragmente wie auch eine im Strausschen Stil geschriebene symphonische Dichtung nach Maeterlincks "Monna Vanna" wurden gleichfalls vernichtet. Erhalten geblieben sind: zwei Streichquartette, Chöre, Orchesterlieder nach Dehmel und verschiedene Bühnenmusiken.

Jene Jahre brachten das Bewußtsein der Décadence dieser Geistigkeit der Jahrhundertwende bei Orff zu klarem Durchbruch. Er löste sich von dieser Welt und wandte sich nunmehr in aller Bestimmtheit der *alten Musik* zu.

1918 kehrte er gewiß nochmals ans Theater zurück (Mannheim, Darmstadt) und kam erneut vor allem in den Bann von Richard Strauss ("Salome", "Elektra"), aber auch in den Hans Pfitzners ("Palestrina"); und diese Werke bedeuteten entscheidende Erlebnisse, wie seine Verehrung für sie auch heute noch besteht.

Wiederum schreibt er Bühnenmusiken; so die in Berlin und anderenorts aufgeführte Komposition zu *Büchners "Leonce und Lena";* erneut beschäftigt ihn zugleich "Ein Sommernachtstraum" und Shakespeare überhaupt.

1919 bricht er seine Tätigkeit am Theater ab und zieht sich nach München zurück, um ganz dem Schöpferischen zu leben. Auch pädagogische Arbeit nimmt er auf. Sein erster namhafter Schüler, *Karl Marx,* der nur zwei Jahre jünger ist, wird sein Freund.

Moderne *expressionistische Literatur,* besonders *Franz Werfel,* zieht ihn ganz in ihren Bann. Er schreibt eine große Zahl *Werfel-Lieder,* die heute noch als erster Durchbruch seines Persönlichkeitsstiles zu werten sind. Auch Dichtungen von Trakl, Klabund, Nietzsche und anderen vertonte er in diesem Reigen. Als letztes

Werk dieser Gruppe brachte er im Juni 1920 *"Des Turmes Auferstehung"* (nach Werfel) für zwei Chöre und großes Orchester mit Orgel zum Abschluß. Das Orchester ist hier allerdings sehr groß, 6 Flöten, 6 Oboen, 6 Fagotte (keine Klarinetten und Hörner !), 4 Trompeten, 4 Posaunen, Pauke, Glocke, 4 Harfen und 4 Klaviere (!), großes Streichorchester; ein Mammutwerk, das ebenso konstruktiv-starr wie farbig ist. Es wurde nie aufgeführt. Von kleinen Nebenwerken abgesehen, schließt mit diesem Werk eine zweite Periode ab.

Ab 1921 studierte Orff nochmals ein Jahr bei *Heinrich Kaminski.* Hierauf erfolgte seine endgültige Abwendung von heutiger Musik, und er ergab sich nunmehr ausschließlich der Beschäftigung mit den alten Meistern.

Über Orlandus Lassus, Palestrina und die Gabrieli gelangte er mit Notwendigkeit zu *Monteverdi.* Und damit war wiederum ein Schicksalswort gefallen! —

Zur gleichen Zeit faszinierte ihn die *neue Tanzbewegung,* die in München-Schwabing ihre Hochburg hatte. Leistikow, van Derp, Sacharoff, Sent Mahesa, Laban, vor allem die große Mary Wigman sind Tänzer, deren Kunst und Entwicklung er mit besonderem Interesse verfolgte.

Es ist bezeichnend für Orffs Polarität, daß ihn neben einem vierstimmigen Satze von Lassus nichts mehr interessiert hat als "die Musik" einer Tanzbegleitung mit afrikanischen Rasseln. Nach Falckenbergs Theaterkunst, nach der alten Musik gibt dieses Gebiet ihm das dritte entscheidende Erlebnis. Und hier erwacht nun die Idee des Theaterreformers zur Klarheit. Hier wird das Problem: "Einheit" von Musik und Bewegung gestellt, hier der Weg von der Bewegung zur Musik gewiesen!

Eine weitere entscheidende Begegnung ist die mit *Dorothee Günther.* Mit ihr gründete er 1924 die "Güntherschule", ein Institut, das die neuen Tanz- und Gymnastikdisziplinen von einer zentralen Idee aus zusammenfassen wollte.

Dorothee Günther schreibt selbst (in der "Einführung zu Grundlagen und Aufbau des Musikschulwerkes" 1935) über ihre Ab-

sichten: "Als ich 1924 die Güntherschule gründete, war es meine
Absicht, einen Weg zur Wiederherstellung der naturgegebenen
Einheit von Musik und Bewegung – Musik und Tanz – zu finden. Ein Weg, der nicht nur für einige intuitive Künstler gangbar
sein, sondern der eine pädagogische Lösung bringen sollte, die
es ermöglichte, allgemein im Menschen wieder rhythmische
Schwingung, Aufnahme- und Gebefähigkeit, Tanz- und Musizier-
lust zu erwecken... Das Ziel war eine Einheit von Musik und
Bewegung, die nicht auf Zufälligem und Subjektivem aufbaut,
sondern in der sich Musik und Bewegung in ihren Grundelemen-
ten verschwistern, beziehungsweise *einem* Quell entspringen."
Es würde zu weit führen, die ganzen Probleme, die Orff näher
beschäftigten, darzulegen. Er hatte hier in der Güntherschule
jedenfalls ein ideales Experimentierfeld für seine pädagogischen
und künstlerischen Versuche zur Verfügung. Aus diesen entstand
in den Jahren bis 1930 die erste große Konzeption des "Schulwerkes". Ein neues Schlagwerk-Instrumentarium wird unter
Beratung von Curt Sachs und unter praktischer Mitarbeit des
genialen Cembalo- und Klavierbauers Carl Maendler geschaffen.
Die ersten neuen Xylophone und andere Stabspiele werden von
ihm gebaut.
In seiner Schülerin und späteren Mitarbeiterin Gunild Keetman
fand Orff eine Kraft, ohne deren Mitwirkung die endgültige Aus-
führung des "Schulwerkes" nicht hätte erreicht werden können.
Ihre einzigartige Doppelbegabung für Musik und Bewegung prä-
destinierte sie dafür. (Als Schüler und Assistent konnte Hans
Bergese am Ausbau des "Schulwerkes" mithelfen.)
Die Tanzgruppe der Güntherschule, die nach Zerstörung ihres
Heimes durch Kriegseinwirkung im Jahre 1943 aufgelöst wurde,
machte unter der Leitung von Dorothee Günther und Maja Lex
– ähnlich der Tanzgruppe der Wigmanschule – auf vielen Aus-
landstourneen mit den neuen Ideen bekannt. Die Einheit von
Musik und Bewegung wurde hier in einzigartiger Weise verwirklicht. Das von Orff geschaffene eigene Schlagwerkorchester, bei
dem auch erstmalig die Blockflöte zugezogen wurde, wurde von

den Tänzerinnen jeweils selbst ausgeführt. Die Musik für die Tänze schrieb ausnahmslos Gunild Keetman.

Dieses Tanzorchester brachte Orff entscheidende Erfahrungen zu seiner späteren originellen Schlagwerkbehandlung und Schlagwerkverwendung. Orffs Tätigkeit bestand nie in Schreibtischarbeit; immer griff er ins Lebendige!

Parallel zu diesen Studien ging seine Arbeit im Bereiche der alten Musik weiter. Die erste Fassung des Monteverdischen *"Orfeo"* wurde am 25. März 1925 im Nationaltheater in Mannheim aufgeführt. Der Text dieses Werkes wie auch der anderen Monteverdi-Bearbeitungen wurde in Zusammenarbeit mit Dorothee Günther hergestellt.

Diese Bearbeitung, die noch sehr auf das alte Orchester zurückging (Zinken, Theorben usw.), blieb lediglich ein interessantes Experiment, das ebenso beachtet wie diskutiert wurde.

Im Herbst des Jahres 1925 gelangte die zweite Monteverdi-Bearbeitung Orffs in Karlsruhe zur Aufführung: *"Tanz der Spröden".* Auch dieses Werk wurde in der ersten Fassung an keiner weiteren Bühne wieder aufgenommen.

Nach der Bearbeitung der *"Klage der Ariadne",* für die Orff selbst den Text schrieb, blieben weitere Arbeiten an "L'Incoronazione di Poppea" und "Il ritorno d'Ulisse in patria" Torso.

Ein *"Kleines Konzert für Bläser und Cembalo"* ging 1927 als erstes Werk in den Verlag Schott's Söhne, Mainz, über, in dem dann alle weiteren Schöpfungen Orffs erscheinen sollten. Aus dieser Zeit stammt auch die *"Entrata".* Die Vorlage für dieses Orff'sche Orchesterwerk für fünf getrennt aufgestellte Chöre ist das Original-Klavierstück *"The bells"* von *William Byrd,* das auf einem zweitönigen schwingenden Glocken-Ostinato aufgebaut ist. Wurden seinerzeit in Fitzwilliams Virginal-Book (um 1600) Bearbeitungen für Klavier gesammelt, so hat Orff in umgekehrter Arbeitsweise ein Klavierstück in ein mehrchöriges Orchesterstück umgewandelt. Die "Entrata" ist als festliches Eröffnungsstück gedacht. Die verteilt aufgestellten Orchester erzeugen gleichsam einen klingenden Raum. Zwei der fünf Orchester enthalten je 3 Flöten, 3 Oboen, Harfe, 2 Klaviere, Glockenspiel und Streicher. Ein zentral aufgestelltes Hauptorchester besteht aus Orgel (oder Trautonium), 6 Hörnern, 3 Trompeten, 4 Posaunen, 2 Tuben, Pauken, Becken, Fagotten und Streichbässen. Beiderseitig erhöht aufgestellte Gruppen enthalten je 4 Trompeten und Pauken. Die Musik bringt wohl klangliche Steigerung, aber keine Entwicklung. Der festliche Charakter wird lediglich durch eine heraldische Statik zum Ausdruck gebracht. K. H. Ruppel hat über das Werk das trefflich charakterisierende Wort geschrieben: "Auch wenn Orff 'absolute' Musik schreibt wie in der fünfchörigen 'Entrata' für Orchester, steht dahinter ein bildhaftes Geschehen, ein großer Aufzug oder eine festliche Improvisation, wie sie der dekorative Sinn der Renaissance oder des Barocks liebt. Überall da, wo ein elementarer Theatertrieb zur Gestaltung drängt, inspiriert sich der Musiker, der Szeniker Orff." – Das ist anläßlich einer späteren Aufführung des Werkes geschrieben, das in erster Fassung 1930 unter H. Scherchen, in endgültiger Fassung im Februar 1941 unter Konwitschny in Frankfurt am Main seine Erstaufführung erlebte. Aber die Wahrheit ist offenkundig; denn Orff suchte damals, Ende der zwanziger Jahre, eben auf der ganzen Linie das Theater, *sein* Theater.

Auch die "Entrata" fand ihre szenische Darstellung; und zwar im Münchner Nationaltheater am 30. Dezember 1963, zusammen mit "Nänie und Dithyrambe" unter der musikalischen Leitung von Peter Maag, mit dem Bühnenbild von Helmut Jürgens, den Kostümen von Charlotte Flemming und in der Choreographie und Inszenierung von Heinz Rosen.

1929 erscheint die erste Fassung der *Cantus-firmus-Sätze* bei Schott. Sie sind 1954 neu aufgelegt worden. Im Rahmen der "Jugendmusik" des Orffschen Schulwerkes erfolgte 1954 eine Neuausgabe von zehn der zwölf "alten Melodien für Singstimmen oder Instrumente" unter dem gleichen Titel. Die alten Texte, die Fauxbourdonarbeit und andere technische Merkmale

weisen deutlich auf Orffs damalige Studien hin. Beispiel 1 zeigt
ein charakteristisches Satzstück *("O Lux")*.

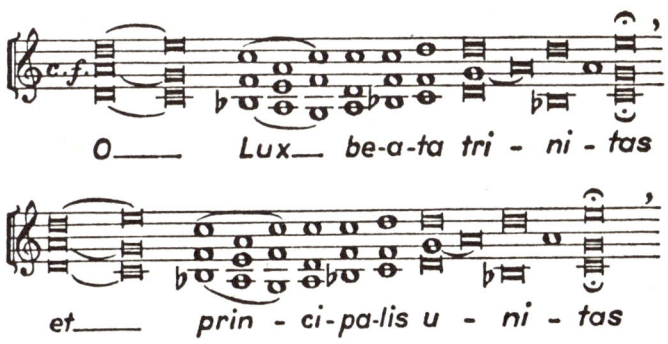

Beispiel 1    Aus "Cantus-firmus-Sätze": O Lux

1929 erfolgte auch die erneute *Bearbeitung der Werfellieder* aus
den Jahren 1920/21, und zwar für Chor, 3 Klaviere und Schlagwerk. Hier tritt zum ersten Male das Orchester in Erscheinung,
das dann in "Antigonae" voll ausgebaut wird. Orff nannte die
Sammlung, in der diese *"Kantaten"* erschienen: "Werkbuch".
Sein Vorwort gibt über die Absicht dieser Reihe charakteristischen Aufschluß. Hier heißt es: "Das Werkbuch enthält Chor-
und Instrumentalsätze, die ihrem Wesen nach nicht von der
Konzertübung herkommen. Sie suchen den Anschluß an diejenige geistige Einstellung, welche von dem Subjektivismus und
der Isoliertheit des Einzelnen zu einem bindenden allgemeingültigen Gemeinschaftsempfinden führen soll. Die Einfachheit der
Anlage und die Wahl der Mittel ergab sich aus dieser Einstellung
und soll durch den Verzicht auf alles, was die Ausführbarkeit
erschweren könnte, ein Höchstmaß an Intensität ermöglichen."
Ursprünglich waren fünf Bände geplant. Es erschienen hiervon
(1930) als Werkbuch I: *Kantaten nach Texten von Franz Werfel:*

19

*I.* "Veni creator spiritus", enthaltend und als Ganzes gedacht: "Litanei", "Nacht", "Veni creator spiritus";

*II.* "Der gute Mensch", zu einem Ganzen zusammenfügend: "Lächeln, Atmen, Schreiten", "Liebeslied", "Der gute Mensch";

*III.* "Fremde sind wir", mit den drei Teilen: "Aufruf", "Fremde sind wir" und "Hymnus", für gemischten Chor mit Violinen und Bässen in chorischer Besetzung.

"Veni creator spiritus" und "Der gute Mensch" gelangten 1930 unter Max Sinzheimer in Mannheim zur Uraufführung.

Stilistisch stellen die Werfel-Kantaten die Zusammenfassung alles Vorhergehenden und damit auch zugleich das Fundament alles Kommenden dar. Beispiel 2 zeigt die charakteristischen Beginntakte von "Litanei".

Die Werfel-Kantaten wurden im *Werkbuch II* mit Chorsätzen nach *Bert Brecht* fortgeführt, und zwar:

I. "Von der Freundlichkeit der Welt", für gemischten Chor und Bläser (nicht erschienen!);

II. "Vom Frühjahr, Öltank und vom Fliegen": "Über das Frühjahr" (Männerchor); "Siebenhundert Intellektuelle beten einen Öltank an" (Männerchor und großes Schlagwerk); "Bericht vom Fliegen" (gemischter Chor, 3 Klaviere und großes Schlagwerk) (1930).

Mit neuer Schlagwerkgrundierung erfolgt die Ausgabe der drei Werfel-Kantaten und der Brecht'schen Chorsätze "Vom Frühjahr, Öltank und vom Fliegen" bei B. Schott's Söhne 1968/1974.

Ab 1930 begannen die Publikationen der ersten Fassung des "Schulwerkes", die 1935 abgeschlossen vorlag. Orff ergab sich zu der Zeit besonders auch folkloristischen Studien; später ganz speziell der bayerischen Volksmusik, zusammen mit seinem Freunde *Kurt Huber*. Die Resultate sind in Orffs Werken immer wieder spürbar. Auch Werner Egks "bayerischer Stil" in der "Zaubergeige" geht auf die Anregungen Orff–Hubers zurück.

Beispiel 2   Aus "Werfelkantaten, Veni creator spiritus": Litanei, Beginn

21

Im Juli 1930 unternimmt Orff eine *erste Reise nach Italien,* nach Verona und an den Gardasee. Sein Humanismus, die Beschäftigung mit Monteverdi und der Musik der Renaissance hatten den Geist des Mittelmeeres aufgerufen. Diese Reise brachte die volle Auslösung eigenster mittelmeerischer Wesensbezirke in Orff, die sich in den späteren Jahrzehnten nur immer lebensvoller und unmittelbarer ausleben sollten. Klassisches Erlebnis, klassische Form, das ist die grundlegende Erweckung dieser Fahrt nach dem Süden.

Im Herbst des Jahres komponierte er anschließend *"Catulli Carmina I.",* sieben Chorsätze a cappella (Text lateinisch), gedruckt 1931:

1.  1. "Odi et amo"
    2. "Vivamus, mea Lesbia"
    3. "Lugete o Veneres"
    4. "Ille mihi par esse deo videtur"
    5. "Ammiana"
    6. "Miser Catulle"
    7. "Nulla potest mulier"

Außer dem dritten wurden alle Chorsätze neu bearbeitet und für das *szenische Spiel* (1943) ausgebaut.

1931 folgten *"Catulli Carmina II":*

1. "Jam ver egelidos",
2. "Multas per gentes",
3. "Sirmio".

Wieder einen Baustein zur Grundlegung des Kommenden läßt die Tätigkeit Orffs als Dirigenten des Münchner Bachvereins formen; wie immer, so prägte Orff auch diesem Chorverein seinen höchst persönlichen Stempel auf. Er hatte keinerlei Dirigentenehrgeiz zu üblichen Aufführungen alter Musik, sondern

22

begann seine Tätigkeit gleich mit einer sogenannten *"szenischen Aufführung"* der J. S. Bach (fälschlich) zugeschriebenen *Lukas-Passion;* er unterstellte somit auch diesen Aufgabenbereich seinem Theaterwillen.

Schon Busoni hatte die Idee, eine Bachsche Passion — und zwar die Matthäus-Passion — szenisch-theatralisch-dramatisch aufzuführen. In seinen verstreuten Aufsätzen "Von der Einheit der Musik" schreibt er des längeren über diesen Entwurf (1921), dem auch ein Szenenbild beigegeben ist. Das Gemeinschaftliche und Trennende bei Busoni und Orff kann man gerade an Hand dieser Skizze gut erkennen. Die Dramatisierung liegt beiden am Herzen. Während Busoni mit Kürzungen und Änderungsvorschlägen an die Matthäus-Passion herantritt, nimmt Orff die (musikalisch verhältnismäßig bedeutungslose) Lukas-Passion zu einem solchen Formungsversuch eines dramatischen Passionsspiels in süddeutsch-bäuerlichem Stile. Um es vorwegzunehmen: Der Versuch glückte über alles Erwarten (München 1931). Die Aufführung wurde innerhalb zweier Jahre öfters wiederholt. Im November 1932 dirigierte Orff das Werk auch an der Berliner Volksbühne, das in München im Künstlerhaus, in einem ausgesprochenen Konzertsaal, zur Darstellung gelangte. Im verdunkelten Saale stand hier eine halbbelichtete Bühne. Im Vordergrund links auf ihr das Pult des Evangelisten; in der Mitte, auf einer Bauernbank sitzend, der Christusdarsteller; rechts, in Korrespondenz mit dem Evangelisten, die jeweils auftretende Spielfigur (Pilatus, Petrus, der Hauptmann, Jos. von Arimathia). Über dieser Vorbühne, gleichsam auf einem balkonartigen Ausschnitt, stand ein kleiner Chor, der die turbae sang. Über dem Ganzen waren auf den Hintergrund bunte alte Holzschnitte, je nach der Erzählung (Ecce homo, Kreuzigung und so weiter), nach alten Tiroler Meistern des 15. Jahrhunderts projiziert. Rechts und links zu beiden Seiten der Bühne, bis an das Publikum reichend, waren die Chöre aufgestellt, die die Einleitung und die Choräle sangen; vor der Szene, abgeblendet, das Orchester.

Aus dieser theatralischen Aufstellung entstand später die szenische Form der "Carmina Burana". Und auch der Erzähler im "Mond" stammt von hier.

Orffs Bearbeitung der Lukas-Passion erstreckte sich, bei Streichungen der alten pietistischen Arien, auf besondere Herausarbeitung der Choralsätze. Der literarisch wertlose Text wurde in seiner unangenehmen frömmlerischen Art bloßgelegt und die Ichbezogenheit des Menschen, die sich in ihr zu erkennen gibt, durch entsprechenden pointierten Vortrag gegeißelt: der Mensch nämlich, der nur gute Ratschläge gibt, aber im entscheidenden Augenblicke versagt. Durch diese besondere Behandlung des für egozentrische Menschenhaltung so charakteristischen Textes wächst die Christusfigur zu ihrer ganzen tragischen Größe empor.

Ein paar Textbeispiele mögen das veranschaulichen. Da ist der Choral mit den Worten: "Die Seel' weiß hoch zu schätzen, was Augen kann ergötzen und Lust der Sinne stillt. Sie ringt nach eitlen Dingen und bleibt der ew'gen bar: wer reißt sie aus den Schlingen der tödlichen Gefahr? " Oder: "Von außen gut sich stellen, im Herzen böse sein, zu Judas sich gesellen, trägt nur Verdammnis ein. Wenn du mit Judasküssen verräthst des Menschen Sohn, du wirst es büßen müssen, einst vor des Richters Thron." Bei der Gefangennahme weiß der Chor nichts anderes zu sagen als: "Ich will daraus studieren, wie ich mein Herz soll zieren mit stillem, sanftem Muth, und wie ich die soll lieben, die mich so sehr betrüben mit Werken, so die Bosheit tut." Dagegen wirkt der Kindervers, den Petrus nach seinem Verrat singt, menschlich ergreifend: "Aus der Tiefe rufe ich. Jesu Gnade tröste mich. Ich hab' Unrecht zwar getan, aber Jesus nimmt mich an!" Die nicht überbietbare Egozentrik des Schlußchorals ist man versucht, geradezu als religiöse Geschäftemacherei zu bezeichnen! –

Orff wollte diese Texte noch durch Projektionsinschriften, die genau das Gegenteil dessen aussagen sollten, was der Mensch singt – also mit der Gegenüberstellung der "echten Wahrheit" –

besonders geißeln. Das Wagnis der Aufführung aber war schon groß und er ließ sich von diesem Plane abbringen, da er zudem keinerlei Parallele zu Brechts "Spruchbändern" beabsichtigte. Trotzdem trug diese Aufführung Orff größte Feindschaften ein; nicht aus Nichtverstehen, sondern aus zu gutem Verstehen — was die eindringliche Auswirkung auf Jugend und Volk aber keineswegs beeinträchtigen konnte. Von gewisser Seite wurde diese Passionsdramatisierung als "Orffs Dreigroschen-Passion" bezeichnet.

Ähnliche szenische Aufführungen folgten; so Heinrich Schützens "Die Historia von der fröhlichen und siegreichen Auferstehung unseres Herrn Jesu Christi" und andere Werke, die zu übergehen sind. In dieser Zeit bearbeitete Orff auch das Münchner Jesuitenspiel "Philothea", Commedia sacra (1643).

Alle die Probleme und Gestaltungen, die Orff hier anging, wurden Grundlage des neuen Theaterstils, den er ausformte. Nach der Fülle der verschiedentlichsten Auseinandersetzungen mit Gegenwart und Vergangenheit durch Jahrzehnte hindurch war in musikalischem Stil wie Bühnenform der Weg zu den "Carmina Burana" frei.

Nach der Uraufführung dieses Werkes im Juni 1937 sagte Orff zu seinem Verleger: "Alles, was ich bisher geschrieben und Sie leider gedruckt haben, können Sie nun einstampfen! Mit den 'Carmina Burana' beginnen meine 'gesammelten Werke'!"

# I. DAS GEISTIGE PHÄNOMEN

## GEIST UND MAGIE

"In allem geht es mir schließlich nicht um musikalische, sondern um geistige Auseinandersetzungen", hat Orff einmal gesagt.

Es gibt Musiker, die Weltanschauung und Menschheitsphilosophie bewußt zum Ausdruck des Kunstwerkes formen, wie Wagner es mit der Schopenhauerschen Philosophie tat; es gibt aber auch Musiker und Künstler, deren Schaffen die geistige Welt einer Gegenwart wie in einem Prisma bricht, ohne daß es vorsätzlich ihre Absicht wäre, die Ideen der Zeit in die musikalische Ausdruckswelt einzuformen. Ihre Werke sind als solche Inkarnationen der weltanschaulichen Kräfte der Zeit, Widerspiegelungen wie Symbole, Problemsetzungen wie Lösungen. In aller Unmittelbarkeit spricht aus ihnen eine weltanschauliche Wirkkraft, die den Zeitgeist offenbart und eine neue Seelenlage, neue tragende Ideen in scharfer Kontur erkennen läßt.

Das ist der Fall bei Orff.

Im Spiegel seines Schaffens fällt der Blick auf die Fundamente, auf das geistige Weltbild unserer Zeit und seine heutige Wandlung. Bei kaum einem anderen Schaffenden der Gegenwart tritt uns das Kunstwerk so unmittelbar und selbstverständlich – ohne allen rationalistischen Brückenschlag oder vergewaltigende Interpretation – als "geistige Potenz" und als Sinnbild der heutigen Weltauffassung entgegen wie bei ihm. Man möchte sagen: die Mächte sprechen hier selbst in Zeichen und Gleichnissen! –

Was nun die geistige Situation der Gegenwart angeht, so hat Orff seinen Standpunkt klar formuliert: Für ihn ist unsere Epoche eine Endzeit. Wie der einzelne Mensch im Alter, so neigen auch die Kulturen in ihrer Spätzeit sich auf ihre Jugend zurück. Die frühere Naivität des Schaffens ist nicht mehr möglich; ihr setzt sich ein bewußtes Wissen um die Dinge und das Gestalten entgegen. Es kommt im Schaffen zu einem Bilde der Überlagerung von naiven und bewußten Kräften, wie wir es an Strawinsky und der Fülle des Gegenwartsschaffens erkennen können. So betrachtet sich auch Orff selber als "sentimentalischen Künstler" im Sinne Schillers.

Und seine geistige Gestalt ist unzweifelhaft charakteristisch gerade durch diese Überlagerung eines hohen Intellekts und schöpferisch-naiver Intuition geprägt. Einer überaus starken Bewußtseinskomponente steht ein nicht minder starker und ursprünglicher Schaffens-Impetus gegenüber. In größter Spannbreite vollzieht sich bei ihm die Synthese zur Frucht wahrhaft schöpferischer Gestaltungen. Und das Resultat seiner Werke korrigiert jede vorgefaßte theoretische Meinung und lehrt, daß die bewußtseinsüberlagerte Naivität auch heute noch Werke von eindringlichster und unmittelbar-elementarer Wirkung zu schaffen vermag.

Das angerührte Problem "Schöpferkraft und Intellektualität" bricht den ganzen Hintergrund der heutigen weltanschaulichen Auseinandersetzung auf. Orffs Schaffen offenbart als Abbild die ganze Spannung dieser Polarität – aber letztlich im Resultat auch ihre Synthese. Und das ist zweifelsohne das Größte und Zukunftsweisende, was uns sein Werk schenkt.

Die Kraft, die die Synthese von Rationalem und Irrationalem heute bewirkt, ist der Wille zur größtmöglichen *"Unmittelbarkeit"* zu den Dingen des Lebens wie des Geistes hin; tiefere Schichten des "Wirklichen" werden angezielt als die in sinnlicher Wahrnehmung und begrifflicher Umreißung faßbaren. Der Weg des Intellekts ist nur das Mittel, die Methode, wie die Naturwissenschaften, die Tiefenpsychologie, der Existentialismus und Surrealismus und ähnliche neue Erkenntnisformen es belegen. Nicht mehr im romantischen Rausch, im Aufgeben des Bewußtseins, sondern – entsprechend unserer Bewußtseinswende – im klaren rationalen Ergreifen geschehen diese Akte der Wirklichkeitsannäherung, die sich an den Grenzen des

Bewußtseins vollziehen. So kommt es heute zu diesen synthetischen Akten einer rationalen Setzung von "Zeichen", die Träger
und Symbole des Irrationalen sind. In der Frankfortschen
Terminologie ausgedrückt heißt das, daß die Welt im menschlichen Blickfelde sich aus einem "Es" erneut zur unmittelbaren Beziehung eines "Du" wandelt, welches Verhältnis für die
frühen alten Hochkulturen gültig war. Damit wird zugleich ausgedrückt, daß mit dieser neuen Form eines unmittelbaren
Erlebnisses des "Wirkenden" die Schöpfungen des Denkens und
der Kunst wiederum Abbilder, Symbole, Zeichen einer beleb-
ten imaginativen Welt, der geistigen Mächte werden. Der
Mensch, der individualistischen Vereinsamung entrissen, wird
erneut in den mythischen Reigen des kosmischen Spiels dieser
hintergründigen Kräfte hineingestellt und erscheint als ihr Teil
und Ausdruck.
Nichts ist bezeichnender für die Gegenwartslage, als daß unsere
abstrakte bildende Kunst, deren Symbolstreben vom gleichen
Unmittelbarkeitsdrange geleitet ist, in der Weltgeschichte nur
eine Parallele hat: nämlich die der stilisierten Felsbilder und
Idole der späteren Stein- und Bronzezeit (H. Kühn). Paul Klee
und die afrikanischen oder die ost- und südspanischen Felszeich-
nungen zeigen eine identische Ausrichtung magischer bzw. ani-
mistischer Versinnbildlichung.
Und mit dem Begriff des *"Magischen"* rühren wir auch an eine
zentrale Eigenschaft der Orffschen Kunst.
Sein ganzes Werk ist "Zeichensetzung"; nicht erklügelt gewiß,
auch nicht abstrakt, sondern aus unmittelbarer Bindung der
schöpferischen Persönlichkeit an die geistigen Hintergründe der
Welt hervorgegangen. Seine Musik hat die Macht magischer Beschwörung. In aller Unmittelbarkeit macht seine Kunst die
elementaren und ursakralen Bezüge wiederum sichtbar und erlebbar. Sein Theater stellt den Menschen hinein ins volle "Welttheater". Oder besser noch: Orff macht erneut die Bezüge seines Lebensspiels zu diesem und als dieses sichtbar. Im Auffin-
den und Fruchtbarmachen der elementaren Wirkungskräfte der

Musik, ihrer "Ur-Zeichen", führt er den Hörer erneut auf diesen Weg der "Du"-Beziehung zum Kosmos. Das besagt speziell im Bereiche des Musiktheaters, daß die rein ästhetische Komponente (als welche die europäische "Es"-Beziehung in der Kunst zu deuten ist) zurücktritt vor einer symbolischen Zeichen- und Gleichniswelt, die das Erlebnis der kosmischen Eingebundenheit des Menschen heute, wie einst damals, klar hervortreten läßt. Und mit Klages muß man sagen, es geht hier nicht um ein "Gemachtsein", sondern um ein "Gewachsensein". Wie in der bildenden Kunst der Gegenwart, so wird in der Musik gerade mit Orffs Schaffen diese geistige Wende naturhaft offenbar. Aus dem Unmittelbarkeitsstreben, das das ganze Feld der rationalen wie irrationalen Aktionen der Gegenwart beherrscht, verstehen wir erst richtig *Orffs Historismus, Primitivismus, Humanismus, seine Dämonie, sein Magiertum.* Aber auch aller Rationalismus, der, aus dem geistigen Trend der Zeit geboren und ihm folgend, in seinem Schaffen sichtbar hervortritt, wird nur unter diesem Blickpunkt recht verstanden und eingeordnet. Das läßt sich etwa am sogenannten *Historismus* Orffs beweisen. Der Zug "zurück zu den Ursprüngen", zur Vergangenheit liegt unserer Endzeit im Blute. Wir sind heute wahrhaft "geschichtliche Wesen"! Die Zeiten rein symbolisch-geistiger Aussagen ziehen uns besonders an. Auch Orff liebt die merkwürdigen Gestalten der Romantik und primitiver Kulturen, die Welt der Mythen, Sagen und Märchen und altes Brauchtum. Auf das Einfache, Ursprüngliche, Archaische blicken wir mit besonderer Liebe.

Alles das fällt mit unter das Schlagwort "Historismus", den man heute vorzugsweise als reinen Intellektualismus brandmarkt. Zu Unrecht! Denn: sind wir vom Damals der Geschichte lebendig ergriffen, dann ist der Akt nur rein intellektueller Kenntnisnahme aufgehoben. Leben vermählt sich im "Er-lebnis" mit Leben von damals und wird somit *heutiges* Leben.

In diesem Sinne und bei genauer Kenntnis von Orffs Wesen ist es völlig abwegig, bei ihm von Historismus in jenem lebensentleerten, intellektualistischen Sinne zu sprechen.

Für Orff bedeutet die Aufnahme der ganzen historischen Welt, des weiten Feldes des Humanismus, des Archaismus und primitiver Kulturen stets Quell neuer elementarer und unmittelbarer (da ontologischer) Bezüge. Er hat sie als Musiker für seinen Bereich – und das ist seine eigenste Tat – neu entdeckt, nicht weil er Historist im genannten Sinne war, sondern als Mensch der Gegenwart, der im Vergangenen sich selbst wiederfand.

Nicht von Historismus muß man hier also sprechen, sondern *von lebendigem Seinsbezuge* durch alle historischen Formen und Erscheinungsbilder hindurch (siehe Liess: "Die Musik im Weltbild der Gegenwart"). Und der "Gang zu den Ursprüngen" ist bei Orff nichts anderes als der Gang zu sich selbst, ist Weg des intuitiven Ergreifens von Darstellungsmöglichkeiten, die überzeugend gerade auch den geistigen Kern unserer Zeit zu enthüllen, ihr Medium und Symbol zu sein vermögen.

Im Hinblick auf unsere Endzeit müssen wir Orffs sogenannten Historismus aber noch in anderer Weise verstehen. Alles, was wir heute als "neue Musik" bezeichnen, erweist sich nicht genügend als Schwelle, um über die Jahrtausendekultur Europas in ganz neue geistige Gefilde zu führen. Alles ist noch Enderscheinung, noch Tradition – ebenso wie das Werk Orffs. Erst eine ganz neue Menschenform vermöchte diesen Schritt zu tun. Und mit ihr eine ganz neue Musik. Dazu genügen nicht Zwölftonreihe, Niederbruch der alten Tonalität und andere technisch-musikalische Phänomene, sondern einzig und allein: ein ganz anderer und neuer Menschtyp, der Frucht der Bewußtseinserhellung (aus dem Trend) der Menschheitsentwicklung wäre. Ein Zeichen am Horizont könnte vielleicht auf eine solche Wende hindeuten, wo der Mensch nicht mehr unmittelbar schöpferisch sich selbst in der Kunst formt, sondern wo diese – ebenso wie unser Zivilisationsleben – zu einer "mittelbaren" Gestaltungsform würde: die elektronische Musik.

Orff steht ihr heute grundsätzlich nicht fern und seine letzte Klangwelt zeigt deutlich gewisse Querverbindungen. Aber er ist und bleibt der große *Humanist* im doppelten Sinne des Begriffes. Und so bedeutet "Endzeit" für ihn, bei aller Überlagerung des Naiv-Schöpferischen durch das Bewußtsein, nicht etwa Verfall, sondern *bewußte Um- und Überschau über das Erbe,* bewußte Begrenzung auch auf das, was "Tradition" ist, und damit: bewußte Begrenzung auf die "Menschenbezogenheit" aller Kunst und Musik, auf die Zonen unmittelbaren Schöpferdaseins. Charakteristisch bleibt, daß alle Wirkungsbilder seines Schaffens nicht spekulativ ersonnen sind, sondern insgesamt dem gewaltigen Kräfte- und Formungsreservoir unserer Tradition wie urmusikalischen Gegebenheiten entstammen. Orffs Kunst ist wahrhaft ein "Wiederfinden".

Um das unmittelbar Lebendige geht es ihm, um das Hier und Jetzt, das aber − wie klar hat er es erkannt! − im seinsbezogenen, geschichtsauflösenden Kerne das Eine und Gleiche aller Zeiten ist.

Wäre dem nicht so, warum spielen wir dann heute Shakespeare oder Sophokles, warum lesen wir Goethe, Dante oder Plato? Auch Humanismus heißt in seiner echten Form: Seinsbegegnung, Begegnung mit dem Ewig-Menschlichen in unüberbietbaren Symbolformungen klassischer Prägung von einst. Orff hat selbst in einem Interview gesagt: "Ich werde manchmal gefragt, warum ich meist alte Stoffe für meine Bühnenstücke wähle. Ich empfinde sie nicht als alt, nur als gültig. Das Zeitgebundene fällt, die geistige Kraft bleibt bestehen."

Orffs Historismus und Humanismus ist lebendige Bindung an den Geist aller Epochen, von der deutschen Klassik hinab über Barock und Renaissance wie Mittelalter bis zur Antike, die ihm stärkste Impulse − unmittelbar wie mittelbar − gegeben hat; lebendige Bindung aber auch zu dem Menschheitsfundament des Archaisch-Primitiven, aus dessen musikalischer Wiederentdeckung er jene den Menschen biologisch-vital wie geistig packende Ausdrucksform seiner Kunst gewann.

Im Speziellen heißt der humanistische Zug bei Orff: Besitzergreifung der *mediterran-antiken Geistigkeit.* Die Formklarheit seiner Werke ist allgemeine Frucht; − neben den speziellen Aus-

Carl Orff, 1939, arbeitet an der Partitur "Die Kluge"

Carl Orff und Herbert von Karajan bei der Schallplattenaufnahme
von "De temporum fine comoedia"

Carl Orff bei einer Lesung der "Bernauerin" im Münchner
Cuvilliestheater, 1972

Carl Orff mit seinem Verleger Ludwig Strecker im Wagner-Saal
des SCHOTT-Verlages, Mainz, 1978

sagen, die mit "Catulli Carmina", mit "Antigonae", "Trionfo di Afrodite", "Oedipus" und "Prometheus" dieser geistigen Haltung verdankt werden.

Weder blasser Historismus noch Snobismus ist es, wenn Orff – in weit größerem Umfange als vor ihm Strawinsky – sich der lateinischen, ja der griechischen Sprache in seinen Werken bedient; dazu des Mittelhochdeutschen, des Alt-Französischen, des Bairischen. In dem Gebrauche der alten Sprachen drückt sich sein unmittelbares Verhältnis zu allen Zeiten hin aus. Das aber bedeutet: Humanismus im Zeichen ewiger Werte und damit stets unmittelbarer Gegenwartsbezogenheit. Wolfgang Schadewaldt hat es in bezug auf die "Trionfi" so ausgedrückt: "In einer großen dichterischen Fuge vereint Orffs Werk die verschiedenen Stimmen der Zeiten und Völker: Eine Dichtung aus bereits Gedichtetem, die, mutig genug, die bis in die Sprachform hinein originalen Aussagen der Vergangenheit in einem neu erdachten Sinngefüge zusammenschließt und damit einem eben heute in uns aufkommenden Verlangen nach unbedingter Unmittelbarkeit des dichterischen Wortes entgegenkommt, der gegenüber jede Übersetzung und sogenannte Nachdichtung schal erscheint."

*Humanismus und Klassizismus* stellen im Geschichtlichen Entsprechungen dar. Wir nennen heute eine Weltrichtung des Stils "Neu-Klassizismus", zu der u.a. Strawinsky und Hindemith gehören. Orffs Schaffen aus seinem Humanismus heraus etwa in diesem Sinne klassifizieren zu wollen, erweist sich als unmöglich. Aber die Einreihung Orffs in die Gruppe der Romantiker wäre ebenso verfehlt, bei allen romantischen Zügen, die sein Werk durchziehen ("Der Mond", "Ein Sommernachtstraum"). Gegenüber den formalistischen Tendenzen des Neu-Klassizismus zeichnet seine Kunst eben die Kraft des Unmittelbaren, des *Magischen* aus. Es ist das "Hinab zu den Müttern", die erdhaft-chthonische Urgewalt (Strawinsky offenbarte sie in seiner ersten Schaffensperiode, und Bartók ließ sie in seinen Werken vernehmlich tönen), es ist die Unmittelbarkeit der Anrührung, das

Beschwörende eben aller seiner Werke, das ihn von jedem historischen Klassizismus scheidet. Und selbst in seinen mittelmeerisch orientierten Schöpfungen verbindet er in echt antiker Weise Apoll *und* Dionysos. Aber nicht in romantischem Rausche spricht er das Dionysische hier aus, sondern in ekstatischer Erregtheit unter feinstem Schliff kristalliner Formen ("Catulli Carmina", "Afrodite"). Und in "Antigonae" und "Oedipus" erscheint das Magisch-Beschwörende im "Barbarischen", dem "Orientalischen", wie es Hölderlin nannte.

Der magische Urklang durchtönt alle Gebilde Orffs. Mit Recht hat man bei ihm wieder auf das "per-sonare" hingewiesen (Keller). Das Klassische ist, wie sein Humanismus, nicht formaler Natur, sondern zutiefst "Wesenshaltung". Und sein romantischer und expressionistischer Wesenszug ist nicht im Bereiche ahnungsvoller Momentverbindungen mit den Tiefenzonen oder im Bereiche nervöser Reizsamkeit zu suchen, sondern hat den Dauerkontakt mit jenen tieferen geistigen Wirklichkeiten geschlossen. Das bezeugt das "Hindurchtönen" dieser hintergründigen Welt durch sein Werk, das bezeugt die unverwischbare Symbolkraft seiner Zeichen.

Orffs Werk ist in keine der bestehenden musikalisch-künstlerischen Kategorien einzureihen, weil es in die letzten Tiefen des Menschlichen hinablotet und sein Bereich Ausdrucksdarstellung des Menschen schlechthin ist.

Immer wieder hat man von dem "Magier Orff" gesprochen. Er teilt diesen Ehrentitel mit Debussy.

Die magischen Kräfte entquellen naturgemäß dem primitiven, besser: elementaren Wurzelbereiche seiner Kunst. *"Primitivismus"*, das besagt heute ganz allgemein: Hang zur Einfachheit, Urtümlichkeit, Wiederentdeckung der vitalen Zonen und Mächte im Menschen wie in der Geschichte, welche eine zivilisatorische Haltung gänzlich verschüttet hatte. In der Gegenwart brachen die Quellen erneut auf im Zeichen der Urkraft des Lebens, im wiedererstehenden Körpergefühl. Und das Vitale bestimmt gleicherweise fundamental unsere Lebens- und Weltanschauung.

Elementarer Primitivismus, der aus Orffs Rhythmengewalt in seinem Schlagwerkorchester tönt, ist wiederum nicht nur ein historischer oder prähistorischer Bezug, sondern eine geistige wie vor allem eine psychische Konstellation. "Primitivismus" ist "Erstlingshaltung" des Geistes und der Seele. Sie kennt das Geheimnis unmittelbarer Anrührung der vital-sinnlichen wie der geistigen Zonen in einem einzigen Akte. Es ist das Geheimnis Orffs als Musiker wie auch als umfassender dramaturgischer Künstler, diesen Punkt aufgefunden zu haben, wo im Vitalen das Geistige zugleich in Schwingung versetzt wird. Wenn Orff die vitalen Kräfte in Geste, Tanz, Wort, Bild und nicht zuletzt in rhythmischen Zeichen und Tonsymbolen aufruft, so stößt er hiermit wahrhaft ins Erlebniszentrum des Menschen vor, wo die vitale "Erregung" zugleich die innere geistige "Bewegung" auslöst. Und so trifft er "den ganzen Menschen". Und da der Rhythmus hier die primäre Kraft ist, so hat Otto Oster mit Recht bei Orff vom "Rhythmus als Logos" gesprochen: "Der Rhythmus ist in den Werken von Carl Orff nicht nur das Kunst-Mittel, sondern das Geist-Wesen der Musikarchitektur."

Mit seiner Verlebendigung urmenschlich-musikalischer Ausdruckspotenzen und Ausdruckssymbole in Rhythmus, Melos, Klang und Form hat Orff eine *elementare* Welt magischer Prägung wiederentdeckt. Diese neue Welt ist im Grunde nichts anderes als nur ein völlig verschüttetes seinsgegebenes Fundament unmittelbarer Wirkungskräfte, das hier freigelegt wird durch einen Geist, der es verstand, Welt, Leben und Kunst einmal wieder frei von allen schematischen Konventionen zu sehen und zu erleben und dem selbst urtümlich alle Erscheinungen Geist und geistige Bewegungen sind.

Dank dieser elementaren Urverbindung und ihres einzigartigen Pedals, dessen Koppelung den geheimnisvollen Unterbau des Lebens im Vitalen wie im Geistigen zugleich zum Ertönen bringt, rufen die Werke Orffs − welchen Stoff sie behandeln mögen und jenseits allen nur ästhetischen Erlebnisses − die *ursakralen Kräfte* auf. Und so ergeben sich auch sichtbare Paralle-

35

len seiner Kunst in geistiger Haltung wie im Bild zu archaischen Prägungen, wo Ursakral-Geistiges *und* Vitales ungeschieden in einem sich vollzog.

Im Zeichen künstlerischer Urkraft, die wahrlich keine müde und intellektualistische Endkunst beschwört, gestaltet Orff das geistige Ereignis seines Theaters zu einem Gesamtkunstwerk, das alle Mittel in einfachster und unmittelbarster Aussage vereinigt. Und ebenso zwingt er, durchglutend und seinsverbunden, die Bilder und Mittel aller Vergangenheit unserer großen abendländischen Kultur bis hinab zu jenen der Vorzeit zur unmittelbaren Gegenwartsaussage, fern allem Historismus, den mancher in seinen Rückgriffen sehen möchte. Er geht immer auf die "Ur-Sache" zurück, von einem genialen Instinkt zu den tauglichen Mitteln geleitet, "das Theater geistig zu aktivieren und dabei doch technisch zu vereinfachen" (Ruppel).

Die Vereinfachung, die *Verwesentlichung* der Aussage, die Herausarbeitung der geistigen wie technischen res facta, fern aller psychologisierenden Versponnenheit, das ist Orffs Ziel, ja Lebensweg. "Orffs Arbeitsmethode ist ein ständiges Ringen um die Endgültigkeit der Aussage" (Feiler). Und diese Endgültigkeit besteht für Orffs visionären Blick eben in jener Form, die das Wesen der Aussage in größter Einfachheit und schärfster Umrandung herausstellt. "Je wesentlicher, vereinfachter die Aussage, desto unmittelbarer und stärker die Wirkung", das ist Orffs persönliches Credo; und das Werk zeugt von dessen Richtigkeit. Jenseits von reiner Abstraktion weiß Orff hier die Mitte zwischen Zeichen (Symbol) und Anschaulichkeit zu halten. Naturalismus und Symbolgeltung halten sich die Waage; der klingende Ausdruck seiner Symbolwelt ist dem Allgemeingültigen, ja vielfach dem Volkstümlichen verhaftet, so daß sich gerade eine für die zeitgenössische Musik erstaunliche Eingängigkeit und Breitenwirkung ergibt. Es ist Schau des Lebendigen, die sich naturhaft mit dieser symbolischen Zeichengebung verbindet. In dem überreichen Bilderreigen, den sein Schaffen umfaßt und zusammenzwingt, offenbart sich wiederum die mächtige Greifweite eines Künstlers, der Universalist ist – im Bereiche der Geschichte wie im Bereiche der Seele. Und das Zusammenspiel von sinnlicher Wirklichkeit und hintergründiger Bedeutung seines Theaters zeigt in aller Klarheit die Wahrheit des Orffschen Selbstbekenntnisses, daß es hier "nicht nur um musikalische, sondern um geistige Auseinandersetzungen" geht.

Daß Orff mit seiner Kunst in aller Unmittelbarkeit und Einfachheit, in letzter Verwesentlichung und doch anrührender Elementarität seiner Symbolwelt erneut die ursakralen Untergründe im Menschen trifft und aufbricht, das belegt mehr als alle Einzelaufzählungen, daß und in welcher Stärke sein Schaffen naturhafter Ausdruck der weltanschaulichen Bewegung von heute ist; ringt doch gerade unsere Zeit in ihrer Unmittelbarkeitslotung um die Einheit von Vitalem und Geistigem, um das Einheitsbild des Menschen und der Welt auf Grund dessen, was die Erkenntnis von Natur, Menschendasein und geschichtlichem Leben in den letzten Jahrzehnten gehoben und geklärt hat.

Alle Künstler der Gegenwart sind, nach dem Wesen der Kunst, mehr oder minder Teilhaber an Geschehen und Formung der gewaltigen geistigen und weltanschaulichen Wende unserer Zeit; ihre Werke spiegeln im Großen oder im Kleinen ein lichterndes Abbild wider. Kaum einer – das ist meine persönliche Meinung wie mein Erlebnis – gibt in seinem Werke ein so unmittelbares und klares Abbild der ganzen Tiefenbewegung unserer Zeit, keiner hat vor allem als Musiker mit seinem Theater den geistigen Grund der Gegenwart so sichtbar gemacht wie Carl Orff.


ELEMENTARITÄT UND STILISIERUNG

Der geistigen Welt Orffs entspricht eine eigene musikalische Technik. Sie unterscheidet sich in Ausdruckshaltung und Ausdruckgestaltung beträchtlich vom Gewohnten; auch im Rahmen der Moderne. Elementarität und Stilisierung prägen das vergeistigte Musikbild, polare Kräfte, die wie Kraft und geprägte

Erscheinung sich zur wirkenden Einheit binden. Stilisierung und Elementarität fallen letztlich im Resultat Orffscher Prägung zusammen, denn, wie die "Antigonae" in ihrer "steinernen" Symboleinformung es etwa erweist, steigert sich die elementare Wirkung der Musiksprache gerade durch den Widerstand ihrer stilisierten Zügelung. Und ein extremes Beispiel gibt zweifellos "Oedipus der Tyrann", etwa in den schmetternden Trompetenquinten beim Erscheinen des geblendeten Oedipus.

"Elementarität", das besagt: Unmittelbarkeit der Wirkung im Rückgriff auf die einfachsten Grundbestandteile des Musizierens, auf ihre magischen Qualitäten, auf einfachste Formen und Praktiken volkstümlicher wie primitiver Musik.

"Stilisierung" heißt bei Orff nie artistische Verkünstelung; sie ist die verwesentlichte organische (auch formelhafte) Fassung der Tonsymbole. Ihre Einformung, die oftmals zum Vergleich mit dem malerischen Kubismus herausfordert, erstreckt sich in ihrer Symbolgestaltung vorzugsweise auf Rhythmus und Melos. Stilisiert ist gleicherweise der formale Wiederholungsbau der klingenden Bausteine: "wie der besonders im Spätwerk sich ausbreitenden und an die Musik des Fernen Ostens gemahnenden Klangteppiche." Stilisierung bedeutet die Begrenzung auf Eintonmelos und Psalmodie, die jeden aufgesetzten Intervallschritt (der Quinte, Oktave, Sekunde usw.) gerade mit sprengender, eben wiederum "elementarer" Ausdruckskraft erfüllt. Alle Stilisierungen Orffs gehen letztlich auf primitiv-elementare, das heißt auf mit Elementarkraft aufgeladene Formungsarten primärer geschichtlicher wie seelischer Struktur zurück.

Für diese Neuordnung dessen, was hier "Musik" heißt und die sich wesentlich von der "Ordnung" jüngerer musikalischer Tradition unterscheidet, ist die *geistige Wendung* Orffs bestimmend. Beim Schöpfer eines neuen Gesamtkunstwerkes im Zeichen des "Welttheaters", nicht beim Musiker allein, sind ihre Ursprünge und Notwendigkeiten zu suchen.

Ein kurzer Überblick über Orffs grundsätzliche – unter dem geistigen Gesetz und auf es hin geformte – Elementargestaltungen im Bereiche seiner musikalischen Technik folge. Wenngleich seine Stilisierung die künstlerische Hochform keineswegs verleugnet, ja ein "Raffinement des Elementar-Primitiven" sehr wohl kennt, so ist das Bild der Musik doch meist verblüffend einfach. Man fragt sich, wie eine solche Musik (etwa die der "Bernauerin") als Aktualität bestehen könne. Hier gerade zeigt sich in aller Deutlichkeit, daß das Geistige das Wesentliche und Bestimmende auch der technischen Neuformung ist.

Das episch-statische Theater, das Orff aufbaut, verlangt eine ebensolche statische Musik. Logischerweise muß alle Psychologisierung im orchestralen Fluß, wie sie das Wagnersche Musikdrama seinem Wesen entsprechend befürwortet hatte, ausgeschaltet werden. Alle "entwickelnde" Symphonik fällt damit überhaupt; – und man denkt hier an Orffs großen Vorgänger Debussy und seine ähnlichen Gestaltungsprinzipien. Die *res facta* der Musik – ganz in Entsprechung zur res facta der Bühne in ihrer unmittelbar-direkten bildhaften Aussage – *bedeutet alles*. Und ihr Aufbau untersteht dem zitierten Motto: "Aktivierung des Geistigen im Theater und Vereinfachung der Technik!"

Mit der "entwickelnden Musik", wie wir sie von der klassischen Sonate und ihrer symphonischen Technik her kennen, fallen in Orffs Musik auch alle kunstvollen technisch-kontrapunktischen Verflechtungen. Man hat sein Musikbild *"monophon"* genannt. Das heißt, es ist im Kerne einstimmig, – oder einströmig in klanglicher Mixturausweitung; nur Bordune, Ostinatofiguren, Orgelpunkte oder Mixturspaltungen setzen gewisse Formen von Gegenstimmen.

Das formale Bild baut sich – mit Vorliebe auf ostinatem Grunde – mittels knapper Urbausteine auf, die, etwa einen Takt, einen Zwei- oder Viertakter umfassend, in Wiederholungsreihung oder auch in variationsmäßiger Abwandlung einen ganzen Satz tragen. Steigerungen erfolgen terrassenförmig durch Instrumentations- wie Figurationsverstärkung. So wird aus einem Minimum an Substanz registermäßig ein ganzes Stück aufgebaut.

Die einfache Größe dieser eingängigen melodisch-rhythmischen Gebilde verzichtet auf jeden überflüssigen Zierat und gibt dem Hörer ein Formerlebnis reinster Konturen und der Bewegung. Die archaistische Technik der Wiederholung ist Grundprinzip, angewandt auf Melos wie Rhythmus als die Hauptträger des Ausdrucks. Die funktionelle harmonische Welt hingegen schmilzt in den Orffschen Formungen zusammen, behält jedoch als "Klangwelt" eine nicht zu unterschätzende Bedeutung.

Orff folgt hier ganz dem historischen Prozeß seiner Zeit. Hatte bei Debussy der *Rhythmus* klangliche Funktion angenommen, so erhielt bei Strawinsky umgekehrt der Klang eine rhythmische Funktion. Bei Orff breitet sich die Vorherrschaft einer rhythmischen Funktion des Klanges immer mehr aus. Verständlicherweise! Denn der Rhythmus (und mit ihm die Wiederholung) zeugt ja gerade die Kraft, die am unmittelbarsten jenen neuralgischen Punkt im Vitalen berührt, welcher zugleich das Geistige, Dämonische, die ganze hintergründige Welt in magischem Kontakte aufruft. Ludwig Klages hat sein Wesen trefflich beleuchtet mit dem Hinweis auf die unmittelbarste Verbindung, ja Identität von Rhythmus und Leben. Und wie tief ins Wesenszentrum Orffscher Gestaltung trifft das Bekenntnis jenes Chinesen, der nach der Salzburger Uraufführung der "Antigonae" in sein Tagebuch schrieb: "Antigonae, wunderbar – wie in Peking vor fünftausend Jahren" (zit. Riezler).

Der gewaltige Rhythmusstrom, der im Klagesschen Sinne "Lebensstrom" ist, beherrscht und prägt das Orffsche Werk. Vielfach gliedert sich sein Bild aus, von primitivsten Gestaltungen bis zum modernen Tanze, von einfachstem Volksliedrhythmus bis zur modernen Motorik. Es sei an dieser Stelle nur an das ehern geprägte Symbol des Rhythmus erinnert, der Antigonaes Gang zum Steingrab begleitet (s. Abb. S. 42/43). Welche Fülle von Beispielen könnte man im übrigen zitieren, angefangen beim "Fortunachor" der "Carmina Burana" über das dahinstürmende Tongebilde des "Eis-aiona-Chores" ("Catulli Carmina") bis zu den ekstatischen Formungen des "Trionfo di Afrodite" und

Unterweltarie des Orpheus

Antigonaes Grabgang

43

dann eben jenen gewaltigen Klangebenen in den griechischen Tragödien, der "Antigonae", dem "Oedipus der Tyrann" und dem "Prometheus"! In differenziertesten Niederschlägen offenbart sich hier die tragende Ausdruckskraft des Rhythmus, der sich — wie auch bei Strawinsky und anderen — in seinem metrikdurchbrechenden Impetus oftmals durch Taktwechsel oder hastende Verkürzung der Bausteinfolgen intensiviert. Naturgemäß durchpulst seine Allgewalt ebenso die Melosgestaltung bis hin zu den Melismenformungen und bis in den psalmodierenden Tonfall, die reine Rezitation. Auch die rein sprachliche Formung kettet sich an die rhythmischen Mächte, nicht zuletzt um auf dem Symbolgrunde des Schlagwerkorchesters die dämonische Welt zu beschwören ("Bernauerin", "Sommernachtstraum", "Astutuli", später "Oedipus" sowie Oster- und Weihnachtsspiel; in besonderer Weise schließlich in "De Temporum fine Comoedia"). Hier sei nur die große Szene mit ein paar Takten aufgerufen, die Ausgangspunkt aller folgenden differenzierten Bildungen wurde, die *Hexenszene* der *"Bernauerin"* (Beispiel 3).

In dem *Schlagwerkorchester* hat sich Orff sein besonderes Werkzeug des Rhythmus wie magischer Symbolik geschaffen. Schon in frühesten Jugendwerken machte sich die Vorliebe für diese Instrumentengruppe und auch für die Verwendung des Klaviers als Schlagwerk bemerkbar. Während in "Carmina Burana", "Der Mond", "Die Kluge" das Normalorchester durch starke Batterie ergänzt wird, auch "Die Bernauerin", "Ein Sommernachtstraum" und schließlich wieder "Afrodite" ein ähnliches Bild aufweisen, so zeigen "Catulli Carmina", "Antigonae" und "Astutuli" eine radikale Verschiebung auf die Seite des Schlagwerkes hin. Im erstgenannten Werke der *"Catulli Carmina"* umfaßt das Orchester 4 Klaviere, 4 Pauken, 2 Kastagnetten und ein weiteres Schlagwerk von zehn bis zwölf Spielern (4 Xylophone, Metallophon, Steinspiel, Sandrassel, 2 Glockenspiele, 3 Tamburine, Triangel, große Trommel, Zymbeln, 3 Becken, tiefer Gong, großes Tamtam); Streicher und Bläser fehlen völlig. — In *"Anti-*

*gonae"* sind es 6 Klaviere neben einem Schlagwerk von zehn bis fünfzehn Spielern, dazu 4 Harfen, 9 Streichbässe, 6 Flöten, 6 Oboen (auch 3 Englischhörner), 6 Trompeten und 7 bis 8 Pauken. – *"Astutuli"* gar eine der extremen Formgestaltungen, kennt allein ein Schlagwerkorchester von acht bis neun Spielern (3 Pauken, Xylophon, 1 Paar Handtrommeln, 2 kleine Trommeln, 3 Rührtrommeln, 1 Tamburin, 1 große Trommel, eine ebensolche mit Becken, 3 Paar Becken, Zymbeln, 3 Holzblock-trommeln, 1 Steinspiel, 4 bis 5 klingende Gläser, Rasseln,

Beispiel 3   Aus "Die Bernauerin": Hexenszene

Kastagnette, Ratsche, Windmaschine). Im Oster- und im Weihnachtsspiel (im ersten Bilde der Hexen) wie im "Oedipus" ist dieses Aufgebot durch Bereicherung mit weiteren neuen Schlaginstrumenten noch gesteigert. Und die Hinzuziehung exotischer Schlaginstrumente findet ihren Höhepunkt im "Spiel vom Ende der Zeiten".

Die sich wandelnden Mittel gehen selbstverständlich mit dem sich wandelnden Stil parallel. Die romantische Klangfarbe mit Streichern und Hörnerpedal verschwindet immer mehr. Man vergleiche nur die Streicherbehandlung in den "Carmina Burana" und in "Afrodite". In den letzten Werken konzentriert sich das Orchester immer mehr in Perkussion oder in stützenden Haltetönen.

Keineswegs gibt das Schlagwerkorchester Orffs von Werk zu Werk ein gleiches Bild. In jeder Schöpfung scheint es in anderer Zusammenstellung und Funktion auf. Ist zum Beispiel das Schlagwerkorchester der "Antigonae" hauptsächlich ohne Trommeln (bis auf die große) aufgebaut, so sind diese gerade das Klangfundament von "Astutuli". Und in der "Bernauerin" ist das Bild wieder ein völlig anderes. Eine unbedingt neue Klangfarbe im Orchester sind die vielen Xylophonarten, die Orff neu bauen ließ (Tenor- und Baßxylophone). Besonders in der "Antigonae" spielt der Xylophonklang auch in seinen weichen langen Wirbelhaltetönen (Spiel mit Filzschlägeln) eine bedeutende Rolle.

Über die Auswahl der Mittel kommt es Orff aber auch auf ihren jeweiligen Einsatz an. So werden in der "Antigonae" die Klaviere nicht nur mit Tasten geschlagen, sondern die Saiten mit Schlägel und Plektron ebenso direkt angespielt. Im "Oedipus" finden wir Wirbel mit harten Filzschlägeln wechselnd auf verschiedenen tiefen Baßsaiten (Klavier 5 und 6), wozu die übrigen vier Klavierspieler alle im Raume der tiefen Baßoktave liegenden Ober- und Untertasten mit beiden Händen zum Erklingen bringen (nach den schmetternden Trompetenquinten, zu deren Klange der geblendete Oedipus erscheint, Klav. Ausz. No. 266).

Für den Kenner ist der diesbezügliche Instrumentationsunterschied der Werke sehr bedeutsam und seine Darlegung bedürfte einer Sonderstudie.

Auch das Steinspiel, das auf uralte Vorbilder zurückgeht, führt Orff neu ein. Alle diese Instrumente bringen eine neue Klanggestalt mit sich.

Von einer *Klangwelt* muß man bei Orff sprechen. Eine funktionell-harmonische Wertung existiert hier nicht mehr, wenngleich ein tonaler Bezug zu einem Grundton – und zwar über lange Strecken hin – sichtbar bleibt. Aber das ist nicht das Wesentliche, sondern: Orffs Bildungen beruhen und leben aus einer *unmittelbaren Sprache* des Tonreiches. In Ablehnung eines tonalen Konstruktivismus – wieder werden wir an Debussy erinnert! – sind diese Klangbildungen: "Musik der Freiheit", Klangsymbole in sich und aus sich heraus. Und man muß zur vortonalen Form melodischer "Modelle" zurückgreifen, um historische Entsprechungen zu Orff greifbar zu machen. Gewisse Entsprechungen finden sich auch in der Musik des Fernen Ostens, in chinesischer, japanischer und koreanischer Musik oder im Gamelan. Orff macht auch hier "Urgesetze" in aller Unmittelbarkeit wieder wirksam, indem sein Blick durch alle Konstruktionen der historischen Musikepochen auf die Unmittelbarkeit der Klangwelt selber fällt, auf ihre primär-psychologischen Ausdrucksgehalte und Ausdrucksformen. Primär ist bei ihm der unmittelbare Klangwert und damit der Symbolwert. Das gilt für den eine natürliche Frische zurückgewinnenden Dreiklang ebenso wie für das Klangbild der Dissonanzen alten Begriffes und ganzer Klangteppiche.

Auch die magische Kraft des *Einzeltones* wird damit erneut entdeckt. Der "Sommernachtstraum" gibt besondere Beispiele. So erlebt man überzeugend, was ein einzelner Ton an Symbolgeltung, was ein Oktavsprung, ein Quintenklang an Intensitäten in sich birgt. Und dieses Klangreich gliedert sich vom Einzelton bis zu klanglichen Taktsymbolen, bis zu den Reihungen der Mixturbildungen aus; bis in jene Umdeutungszone, wo die Klänge (zum

Beispiel die mit Vorliebe gebrauchten Kleinsekundklänge) rhythmische Funktion annehmen oder in die Irrationalität reinen Schlagwerktones übergehen.

Bezeichnenderweise bedient sich Orff klanglicher Chromatik in breitester Anwendung nur in gewissen Szenen der antiken Tragödien, in anderen Werken nur sporadisch. Das melismatische Melos kennt gewiß betont chromatische Formungen. Hingegen begrenzt er sich bevorzugterweise auf eine archaische Diatonik.

Der Schwerpunkt der Orffschen musikalischen Aussage liegt auf dem *Vokalen, der menschlichen Stimme.* Neben dem Rhythmus ist es das *Melos,* in dem er in unmittelbarer Res-facta-Prägung (und daher ohne die suggestive Mitwirkung eines harmonisch-klanglichen Unterbaues) seinen Ausdruck verwirklicht. Diese neue rein melische Ausdrucksform muß mit Nachdruck als etwas ganz Neues unterstrichen werden. Was sonst im Orchester angelegt, seiner Sprache zugewiesen war, das konzentriert sich nun als Aussage in den melodischen Gestalten der Singstimme selbst. Mit der Ausnutzung aller Register, mit Falsett, Staccato- und Legato-Tönen, mit Dynamik, Agogik, Phrasierung wird dem vokalen Melos so ein ganz neuer Ausdrucksraum eröffnet, der sich selbst genügt. Ein lyrisches Zitat aus "Carmina Burana" ("Dies, nox et omnia") möge diese melodische Res-facta-Prägung demonstrieren (Beispiel 4).

Beispiel 4    Aus "Carmina Burana": Dies, nox et omnia

In diesem Zusammenhange ist nicht minder interessant das folgende Beispiel aus "Afrodite", das uns im Bilde dramatisch-ekstatischen Hochgesanges die Ausdruckseinformung in große Intervallsprünge zeigt. In ganz bewußter Sprungtechnik wird hier von Orff – ähnlich wie etwa auch bei Mozart – die melodische Spannung aus dem Worte gezogen. Dieser Rezitativstil ist in Orffs Werk wahrhaft schöpferisch ("Canto di novelli sposi dal talamo", Beispiel 5).

Beispiel 5    Aus "Trionfo di Afrodite": Canto di novelli sposi dal talamo

Eine weitere Stelle aus der "Afrodite" ("Sposa e Sposo", Beispiel 6) möge das Bild des Orffschen melischen Ausdrucksstils ergänzen.

Beispiel 6    Aus "Trionfo di Afrodite": Sposa e Sposo

Eine nicht zu übersehende gewichtige Eigenart des Orffschen Stils liegt darin, daß er die *Sprachen* bewußt als Instrumentationsregister verwendet. Deutlich wird einmal, was die Sprache aus der Melodie macht. Das Lateinische und Alt-Französische zwingt das Melos zu elegant-natürlichem Strömen, das Deutsche führt zu zackigen Bildungen und das Griechische zu melismatischen. Des weiteren aber zieht diese Verwendung als Sprachmelos noch tiefere Konsequenzen nach sich: die spätlateinische Melodik der "Carmina Burana" ist grundverschieden von dem klassisch-lateinischen Melos der "Catulli Carmina"; das Melos, welches ein Hölderlin-Deutsch bedingt, ist völlig anders als das melische Resultat eines Sappho-Gedichtes.

In der Vokalschöpfung liegt zutiefst die Bedeutung des Orff-Stils. (Demgegenüber rückt alles andere, was an seinem Werke bedeutsam und neu ist, in die zweite Linie). Damit wird der Zentralpunkt seines Wort-Ton-Verhältnisses berührt; und mit ihm sein eigener *Musikbegriff.*

Orffs Melos greift über die eigentliche Musik im Verstande unserer letzten abendländischen Musikperioden hinaus. Sein Musikbegriff umfaßt die gesamte sprachliche wie gesangliche Äußerung. Damit nähert er sich wiederum jener einstmaligen Einheit der "musikè téchnë", von der Plato sprach und die in der Frühzeit Sprache, Musik und Bewegung (das heißt Versrhythmik, Klang und Geste) umfaßte. Das Phänomen des "Klangleibes der Sprache", der dem Altgriechischen eigen war (Georgiades), nimmt bei Orff in vergleichsweiser Wiederbelebung abendländische Gestalt an. Und dies zugleich in dem tieferen antiken Sinne, wie er im vorigen Kapitel berührt wurde und wie ihn Georgiades mit an Hegel sich anlehnenden Gedankengängen zeichnet: "Die antike Haltung ist. . . durch das Bewußtsein gekennzeichnet, daß der Gott selber in den Tempel eintritt und mitten unter uns wohnt. Die Substanz wird jetzt in Leiblichkeit konzentriert; sie wird den Sinnen greifbar. Und umgekehrt: der Gegenstand der Sinne ist nicht ein bloßes Erscheinen einer an sich unzulänglichen Substanz, sondern das Sein selbst. . . Es handelt sich hier ... um eine geradezu leibhaftige Gegenwärtigkeit von Geistigem, um einen Zustand, wodurch die Substanz selbst den Sinnen zugänglich wird." – So bedeutet der Begriff "Klangleib" nicht nur die Musikalisierung des Wortes, sondern zeigt die unmittelbare Geistverbundenheit, ja Identität von Logos und Sinnlichem an. Ein helles Licht fällt damit auch auf das Gesamtbild der Orffschen Kunst und es möge hier der Ausspruch Heideggers anläßlich der "Antigonae" (zitiert K. L. Meyer) zur Illustration nicht fehlen, der meinte, das Werk komme wirklich "aus den Quellen", und beispielsweise beim Dionysoschor seien "die Götter einfach da!" –

Wie wir noch sehen werden, ziehen die letzten Werke Orffs aus dieser Sprach-Melos-Betonung Konsequenzen, die schließlich heute das gesamte Werk unter neuer Beleuchtung sehen lassen. Die Grundtendenz der "Musik der Sprache" Orffs, die sich mit Jahren und Werken immer deutlicher abhebt, könnte mit einem weiteren Heidegger-Worte charakterisiert werden, nämlich: "Die Sprache der Sprache zur Sprache zu bringen." – Orff tut dies in seinem musikalischen Medium auf seine Weise, eben aus dem "Klangleib des Wortes" heraus.

Im erweiterten Musikbegriffe Orffs gliedert sich das *Melos* vielfach aus, in der ganzen Breite von reinem Sprechen bis zum Singen. Er selbst hat in einer Anmerkung des 5. Bandes der "Musik für Kinder" (Sprechstücke, Rezitativ) auf eine Fülle von Differenzierungen hingewiesen. Hier nur ein knapper Überblick. Wir begegnen:

a) *reinem Sprechen* in den Bühnenwerken, wo das Sprechtheater dominiert oder mit Musik durchformt ist ("Bernauerin", "Sommernachtstraum", "Astutuli", die Tragödien und Komödien in weiteren oder engeren Partien). Umgekehrt haben auch "Der Mond" und "Die Kluge" größere oder kleinere Sprechpartien. Wir stellten bereits fest, daß die Sprache allgemein zum klanglichen Instrumentationsprinzip gehört.

b) Die erste stilisierte musikalische Stufe im engeren Sinne ist die *rhythmische Einformung des Wortes ohne festgelegte Tonhöhe*. Solche Einformungen finden sich in allen Werken mit Ausnahme der ganz im Fünfliniensystem bleibenden "Carmina Burana". Beispiel 7 bietet ein entsprechendes Zitat aus der "Afrodite".

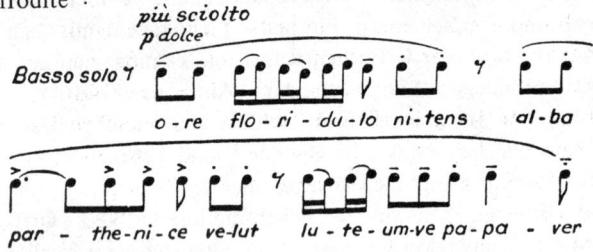

Beispiel 7    Aus "Trionfo di Afrodite": Epitalamo (Chorführer)

c) Die weitere Stufe zeigt die *Festlegung des Sprechgesanges auf Tonhöhe* mittels des Fünfliniensystems, wobei *Eintonrezitation* mit entsprechender Intervallaufsetzung wie *melismatische Bildungen* sich ausgliedern. Diese archaistische *Psalmodie,* die Beziehungen zu Accentus wie Concentus der frühchristlichen Musik aufweist, bildet also eine Einheit von Rezitativ und Arioso im alten Sinne. Ihre Monotonie ist naturgemäß wiederum bedeutsamer Träger magischer Wirkungen. Aber vor allem darf das Phänomen nicht übersehen werden – nämlich ein psychologisches! –, daß Orff (genau so wie die primitiven Völker!) bei steigender Erregung die Rezitation in die Oktave übergehen läßt. "Antigonae" gibt dafür eine Fülle von Belegen. Und mit dem Phänomen als einem kleinen Detail wird deutlich, wie Orffs Weg wahrlich zu den psychischen Quellen führte.

d) Hier ist das Grenzgebiet des *reinen Gesanges* erreicht und über seine Differenzierung sprachen wir bereits. Ein Hinweis sei schließlich noch auf die *Melismen* gegeben.
Sie bedeuten auf einem Worte wie "Zeus" oder als formelhaft wiederholte Bildungen (Tiresias- und Kreon-Monologe) gewichtige Akzentsetzungen. Aber wir finden dann des weiteren noch

ausgedehntere Bildungen ausgesprochen orientalischer Prägung wie auf Antigonaes: "*Oh* (des Landes Thebes väterliche Stadt)" oder dann besonders in der "Afrodite" in den Wechselgesängen von Sposa und Sposo; aber auch im Chorbereiche. In den späteren Werken finden diese Melismenformungen immer intensivere Ausdrucksformulierungen und haben ihre Anwendung gleicherweise im vokalen wie im instrumentalen Bereiche. Die Oedipus-Monologe zeigen den breit entwickelten Fundamentsatz. Alles dieses untersteht dem Orffschen Prinzip einer melischen Res-facta-Setzung des Ausdruckes, das wir bereits ausführlich würdigten.

Zwei Beispiele, ein psalmodierendes aus "Antigonae" (Nr. 8) und ein melismatisches der Tiresias-Szene (Nr. 9) mögen das vorher gegebene Bild ergänzen.

Beispiel 8    Aus "Antigonae": I. Teil, Beginn (Antigonae)

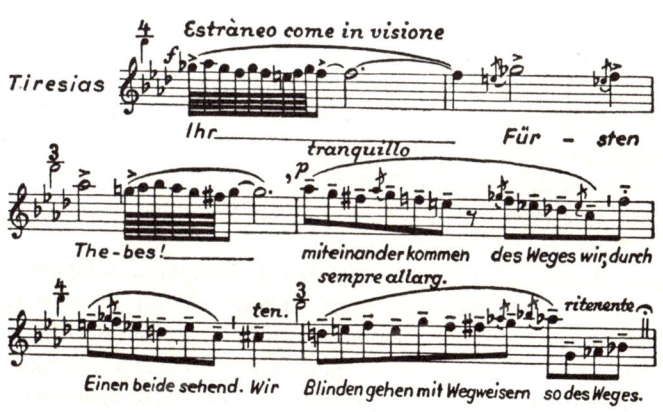

Beispiel 9    Aus "Antigonae": IV. Teil (Tiresias)

53

Einen Blick sollte das Vorstehende geben auf die ganze Weite des Orffschen Musikbegriffes. Alle diese Gestalten von melischen, rhythmischen und klanglichen Werten, die die Sprache und die Sprachen miteinbegreifen, bedeuten ihm Musik der verschiedenen Wirkungs- und Helligkeitsgrade, ein Instrumentarium seines klingenden wie seines geistigen Kosmos.

Orff hat mit dieser Erweiterung des Musikbegriffes nicht deren Grenzen verlassen, wie man gelegentlich als Vorwurf hören kann, sondern er hat − ganz logisch aus Aufgabe und Umkreis seines Gesamtkunstwerkes − den weiten klanglichen Bereich ihrer Aura erneut in sie hineingenommen. Dieses erstreckt sich von dem irrationalen Geräusche des Schlagwerkes bis zum klar fixierten Tonsymbol, von dem Klang und Rhythmus reinen Sprechens bis zum melismatischen Gesange.

Das Elementare und seine Stilisierung als Grundlagen Orffscher Gestaltung stellen − in der ganzen Ausgliederung, die skizziert wurde − betreffs ihrer Herkunft weniger eine historische als eine psychologische Frage. Historische Vergleiche sind darum in unserem knappen Überblick um so weniger am Platze.

Der Seinsbezug aber, der damit ausgesprochen wird, wirft noch ein anderes bezeichnendes Licht auf Orff:

Wenn ein Schaffender mit seinem Stil ins Zentrum der musikalischen Ursymbole und damit der unmittelbaren Erlebnisanrührung vorgestoßen ist, so gibt es naturgemäß für ihn keine "Entwicklung" in dem Sinne, wie sie unser Gegenwartshistorismus vom Künstler geradezu fordert. Wer auf das Sein trifft, kennt nur eine gewisse Variationsbreite der Gestaltung, aber keinen Weg ins Unendlich-Neue.

Es scheint an der Zeit, endlich einmal alle große Kunst nicht so sehr auf ihr Werden, ihre "Entwicklung", als auf ihre tieferen Qualitäten der Seinsberührung hin zu untersuchen und zu werten. Orff ist in seinem Schaffen ein klares Beispiel der allgemeinen Gegenwartswende vom Historischen zum Ontologischen, so daß man bei ihm, wie in seiner Jugend von "Selbstfindung",

so in seiner Reife von einer "Auskomponierung der Persönlichkeit" (also bevorzugterweise von Seinsqualitäten) sprechen muß.
Das aber zeugt erneut vom Herrschen des Geistes im Klangleib
seiner Werke.

## DIE PÄDAGOGISCHE LEHRE VOM UNMITTELBAREN

Orffs Lebenswerk teilt sich in die Bühnenwerke und das "Schulwerk" auf. Beide Gebiete speist der gleiche schöpferische Geist;
gleiche oder ähnliche Bilder der Technik ergeben sich, eine
wechselseitige Befruchtung; und Grenzen sind nicht festzustellen. "Es ist dem Komponisten Orff in seinem *Schulwerk* gelungen, die elementare (nicht primitive) Klangwelt des Kindes wie
des musikfreudigen Laien, welche er in bestimmten Improvisa-
tionsformen gewissermaßen 'pädagogisch einfängt', stileinheit-
lich hineinwachsen zu lassen in seine Sagen- und Märchenopern
(Die Kluge, Der Mond, Die Bernauerin) sowie in seine Carmina
Burana und Catulli Carmina, ja, wenn man die wunderbaren
'Grundformen' des 5. Bandes mitheranzieht, bis in die großen
Deklamations- und Rezitationsszenen seiner 'Antigonae' hinein"
(Reusch).

Im Zusammenhang mit dem neuen Körpergefühl, das sich nach
der Jahrhundertwende in Tanz, Gymnastik, Sport wirksam
manifestierte, fand ein Umbruch der allgemeinen wie der musikalischen Pädagogik statt. Man begann die Welt des Kindes als
eine in ihrer Art vollkommene zu betrachten. Damit waren neue
Aufgaben gestellt; nämlich das Kind als Persönlichkeit sui generis aus eigenstem Anreize zu Tätigkeit, Lernen, Entfaltung auf-
zuschließen.

Wie Orff geistige Probleme und Lösungen der Zeit als Musiker am
klarsten in seinem Theater setzte, so hat er mit seinem "Schulwerk" auch den schwelenden Zeitfragen der Musikerziehung die
eindeutigste Lösung rein praktischer Art gegeben. Nicht "Erfin-

der" der grundsätzlich allgemeinen Gedankengänge, ist er der geniale Gestalter all dieser Ideen zu wohlbegründeter und syste-matisch durchgeformter Methode. Wieder gelangt er zum schlüs-sigen Resultat mittels seiner grundsätzlichen Haltung, nicht von Prinzipien und vorgefaßten oder traditionellen Formen aus dem Lebendigen Brücken zu schlagen, sondern – umgekehrt – vom unmittelbar lebendigen Leben aus und den Einblicken, die es als solches gewährt, Prinzipien zu entwickeln! – Das oberste Gesetz seiner pädagogischen Methode läßt sich in dem Satz fassen: Die ganze Erziehungsliteratur muß nicht "fürs Kind", sondern "vom Kinde aus" geschrieben werden.

Das hieß praktisch: die durch eine überbetonte Verstandesbil-dung verschütteten Quellen des Elementar-Unmittelbaren wie-deraufdecken, und mittels des Elementaren das Elementare im Kinde verlebendigen, den "Urgrund Musik", der Musik und Be-wegung, Klang, Rhythmus, Wort in noch ungeschiedener Ein-heit vor aller Ausgliederung umfaßt. In der unmittelbaren An-rührung primärer Zonen und ihrer Verlebendigung war der An-satz gegeben, mit dem eine neue Musikpädagogik – vorzugswei-se im improvisatorischen Spiele – kindertümlich Wachstum an-regen und zur Entfaltung bringen konnte.

Mit Recht darf man daher Orffs Arbeit des "Schulwerkes" die große pädagogische Lehre vom Unmittelbaren nennen.

"Jene einfachsten, elementaren Melodien des Schulwerks haben strömende Lebenskraft und die zwingende Deutlichkeit symbo-lischer Gebärden. Ihre Zusammenstellung in einem pädagogi-schen Zyklus wurde zu einem Kompendium musikalischer Ur-erregungen und Grundbewegungen", schreibt Erich Doflein, in-dem er darauf hinweist, daß die Anleitung, ja die Erweckung zur Improvisation als solche gerade die Entsprechung zur Dimension dieser musikalischen Elementarformen darstellt: "Sie decken den Wurzelbereich des Schöpferischen auf!" – An dieser Stelle sei im Zeichen der "geistigen Welt" Orffs nur einiges über das System des Schulwerkes gesagt, das Wörner als "pädagogisches Grundwerk des neuen Musikgefühls" bezeichnet

56

und Preussner ein "Orientierungswerk für die ganze heutige Musik und Musikerziehung" nennt, welches als Reformwerk eines Schaffenden – nicht eines Theoretikers oder Schulmannes – die Möglichkeit gibt, "daß Pädagogisches ohne jeden Bruch in das Künstlerische übergeht".

Die Methode des "Schulwerks", niedergeschlagen in den fünf Bänden der "Musik für Kinder", heißt grundsätzlich: *Gewinnung der Voraussetzungslosigkeit* gegenüber allem lebendigen Musizieren. (Fritz Reusch hat in seiner ausgezeichneten kurzen Abhandlung über "Grundlagen und Ziele des Orff-Schulwerks" (Schott) alle die Fragen dargelegt und sie auch in den allgemein geistigen Bezug der Gegenwart gestellt.)

Das Urmusikalische als das Präsystematische wird freigelegt; eben jenes unmittelbare musikalische Verhalten, das zuerst musizierte, ohne von einem künstlichen und rationalen System der Musik*form* abhängig zu sein. Dieses frühhistorische Stadium unmittelbaren Musizierens findet im psychischen Verhalten des Kindes seine Entsprechung. Das voraussetzungslose Kinder- und Laienmusizieren greift zwangsläufig immer wieder die gleichen Urelemente und Urgestalten auf, welche naturgegebene "musikalische Grundformen des Menschen" sind. Dies einmal erkannt, konnte das Orffsche System nur darin bestehen, die elementare Klaviatur entsprechend zu bestimmen und die Anrührung tunlichst in aller Breite zu vollziehen; das heißt den Trieb zum Eigenwachstum, Selbstmusizieren, Improvisieren zu erwecken, kurz die ganze musikalische Selbstentfaltung des Kindes aus nunmehr eigenem Antriebe in Fluß zu bringen.

Aller Aufruf zum Musizieren aber erfüllt sich im kindertümlichen Raume. Selbst das Instrumentarium ist kindereigen; die primitiven rhythmischen Instrumente, besonders auch die hierfür eigens gebauten Stabspiele, Xylophone, Metallophone und Glockenspiele, entsprechen dem kindlichen Unmittelbarkeitsmusizieren besser als die mit Kunsttradition und Technik beschwerten des Klaviers, der Geige.

"Das Schulwerk ist somit der geniale Entwurf zu einer Übung

der irrationalen Kräfte der Musik. Die vitalen Grundschichten der Musikalität, eben die Verbindung von Bewegung und Klangform, sind in greifbare Nähe gebannt; die Einheit von Körper und Geist im Medium der Tonbewegung ist an ihrem Ursprung gefaßt" (Doflein).

"System" ist also am "Schulwerk" einzig und allein das Anzielen des primär-musikalischen Grundes. Nicht aber ist "System" der Weg der Musikerziehung selbst. Es wird hier kein Leitfaden geboten, an Hand dessen der Lehrer nun einen systematischen (das heißt rational festgelegten und vorgeschriebenen) Unterrichtsweg verfolgte. Vorgezeichnet ist natürlich auch hier die große Linie. Aber da alles auf die Unmittelbarkeit der Erweckung zur Musik, der Improvisation, der Weiterbildung durch aufgerufene schöpferische Phantasie gestellt ist, ist das Lehrwerk auch für den Lehrer selbst "Aufgabe" und erfordert einen ganzen Mann; einen geistig schöpferischen Pädagogen, der, wie Orff selbst, Musik und Musizieren voraussetzungslos in aller ihrer Lebendigkeit betrachtet und so, selbst ein elementar Angerührter, das Elementare im Kinde zu wecken, zu leiten versteht.

(Gewiß, nicht allein die hohe Anforderung an den Pädagogen setzte das "Schulwerk" auch Mißgriffen aus: Durch falsche Interpretationen, aber ebenso auch zahllose Imitationen der Orffschen Methode wird die Anwendung oft verfälscht. Es kann an dieser Stelle nicht ungesagt bleiben, zu welch greulichem Unfug mit Schlagwerkspiel Orffs Anregungen vielfach mißbraucht wurden.)

Wesentlich ist, daß mit diesem voraussetzungslosen, elementaren Musizieren die Grundlagen aller späteren historischen Stile mitgegeben sind.

Der Wert dieses "Rückgriffes zu den Ursprüngen" ist nicht leicht zu überschätzen. Nicht wird, wie in der alten pädagogischen Praxis, das Kind von einem gerade gültigen (heute: unserem funktionell-harmonischen) System voll eingenommen und damit in ihm die Vorstellung erweckt, dieses sei das einzig gültige, mögliche oder vollkommene, sondern: mit der Verlebendigung der naturgegebenen primären musikalischen Ausdruckswelten wird dem Kind Musik als Wesensausdruck *vor* aller späteren rationalistischen Nötigung historischer Formgebungen bewußt. Es wächst vom improvisatorischen Beginn unmittelbaren Musizierens mit zwei, drei Tönen dann an Hand der Gliederung des "Schulwerks" in den Raum der Pentatonik, der Oktavgattungen, des Dur und Moll, der primitiven funktionellen Harmonik hinein. In der Überschau vom Urgrunde des Musizierens aus erkennt es schließlich die vielen Möglichkeiten, die unerhörte Wandlungsfähigkeit der "Ordnungen" dessen, was man "Musik" nennt, und vermag so, im Unmittelbaren gründend, *allen* Systemen gerecht zu werden; von der Volkskunst bis zur Hochkunst, von der Musik der Primitiven, des Mittelalters bis zur Moderne; ja es vermag auch wohl dem Kern der "einen und einzigen Musik", dessen Ausgliederung alle Stile sind, näher zu kommen.

Diese "Erziehung zur Musik", in der es primär um die elementare Einheit von "Musik und Bewegung" und ihre Weckung geht, weitet sich automatisch ins Musische überhaupt, wird *Erziehung durch Musik*.

Die *Sprache* ist von Musik und Bewegung nicht zu trennen. Sie findet gleicherweise ihre Betreuung in elementarer Erlebnisaufschließung. Wie der Rhythmus den Menschen mit den Lebenshintergründen unmittelbar verbindet – wir denken an die Klagessche Definition –, so hat Orff, indem der Musik des "Schulwerks" die in den Texten behandelte Stoffwelt des Volksliedes, des Märchens, der Sage entspricht und die Traumwelt des Kindes angesprochen wird, auch im Wort den "Klangleib des Logos" angezielt. Denn auch im Sprachlichen "geht es nicht um den Inhalt, sondern um den Logos. Mit anderen Worten: um die Haltung der inneren Sprachgebärde und Gestik, die vom Singenden aufgenommen und zur Gestaltung gebracht wird" (Reusch). Das ist aber nur möglich, indem – aus der totalen menschlichen Ausdrucksganzheit, wie sie Orff wieder erlebt und erlebbar macht – die Sprache vom Elementaren her als ein Lebendiges,

Ursprüngliches, in der Einheit ihres körperlich-klanglichen wie geistigen Wesens aufgefaßt ist; nicht mehr in "rationalem Verstehen", sondern in "sinnenhaftem Vernehmen das Wort im Erklingen stellvertretend für die Sache selbst wirkt." (W.Thomas). Eine neue Grundlegung des geistigen musischen Menschen, die Wiederverlebendigung der "Innerlichkeit" und inneren Fülle wird durch Orffs Schulwerk angezielt. Gerade hier im Bereiche des Pädagogischen erweist sich, wie das "Zurück zum natürlichen Ursprunge" bei Orff alles andere als Historismus, vielmehr lebendiger Seinsbezug ist. Und der Widerschein fällt auf sein gesamtes Schaffen. Sein Streben zum Unmittelbaren, sein Aufbruch der primär-elementaren Zonen hat nichts anderes zum Ziel als die "Verlebendigung des Menschen in einer verlebendigten Welt". Und die Seelenheimat des Kindes, darauf weist Reusch hin, ist nicht die technische Moderne, sondern die traumhafte Welt des Märchens, der Sage, sind "die Urgründe (oder auch Abgründe), die im Leben der Natur, der Pflanzen, der Tiere oder im Menschen liegen". In dieser Sicht verstehen wir den Werktitel "Musik für Kinder" erst in seinem vollen Sinn. Es ist nach Orffs eigenen Worten "Musik der Kindheit und daher auch Musik des Kindes. Nicht in Übersee sind ihre Ahnen zu suchen, sondern im Kind in uns" (zit. W.Thomas).
Orff hat einmal gesagt: "Über das Menschsein können wir nicht hinaus!" – Der tiefere Sinn des Wortes ist zweifelsohne: Wir müssen immer tiefer ins Menschsein hinein, wollen wir wieder heil werden an unserem Menschentum!
Für den Gesamtbereich der Erziehung zeigt einen Weg hierfür seine "pädagogische Lehre vom Unmittelbaren".

## ORFF UND DAS THEATER

"Theater" ist Orffs Werk, im weitesten Umfange des Begriffes und im Zeichen aller sprengenden Intensität. Unter dieser obersten Idee vereinen sich der Musiker wie der bildhaft und in spruchhaft-packender Sprache formende Dichter ("Die Bernauerin", "Astutuli", "Comoedia de Christi Resurrectione" und "Ludus de nato Infante mirificus"; nur in "Sommernachtstraum" und den drei Musikalisierungen griechischer Tragödien hat er auf Geformtes zurückgegriffen, alle anderen Texte sich selbst gestaltet), und zu dieser Doppelbegabung gesellt sich die visionäre Schau des Szenikers. Aus der visuellen Bild- und Bewegungsvorstellung heraus, so bekennt er selbst, hat er seine Werke konzipiert und geschaffen, aus der Mitte also aller theatralischen und musikalischen Möglichkeiten. "Er ist — seltener Fall bei schöpferischen Musikern — ebensosehr Augen- wie Ohrenmensch. Er denkt genau so in Gebärden und Bildern wie in Tönen und Klängen" (Ruppel).

Daß Orff die ganze Welt des Theaters im eigensten Begabungsbereiche umfaßt, das gibt die Grundlage seiner einzigartigen Schöpfungen, die — erstmals nach Wagner — wahrhaft wieder als "Gesamtkunstwerke" anzusprechen sind. Als "Orffsches Theater" weisen sie eine Neulagerung aller Elemente und Bestände auf, die in ihrem organischen In- und Zueinander gerade Eigentümlichkeit und Originalität Orffscher Prägung ausmacht. Vollendet bespielt er die Register der bildmäßigen, der körperhaftbewegungsmäßigen und dekorativen Gestaltungsmittel des Bühnenkunstwerkes wie der musikalisch-klanglichen. Darüber hinaus prägt seine Originalität aber noch etwas Grundsätzliches aus: Orffs *Theaterbegriff* überhöht die alten Kategorien der "Oper" und des "Schauspiels" in neuer Synthese. Der Blick fällt auf das ungetrennte Urtheater als Selbstdarstellung des Menschen. "Oper" und "Schauspiel", alle Theatergattungen sind für Orff vereinzelte, zersprengte Teile, die er wiederum zu Einheit und organischem Zusammenwirken sammelt.

Erneut ist es ein "Wiedergefundenes", das Orffs Theaterproblem dank seines "Dranges zurück zu den Ursprüngen" zur Diskussion stellt. Und wichtig ist es, bei ihm zu bemerken, daß es nach Orff keineswegs "nach der Oper" heißen muß. —

Orffs musikalischen Organismus wie auch das organische Zusammenspiel aller seiner Theaterelemente charakterisiert treffend das Bild einer großen "Registerorgel", das Doflein gebraucht. Wie Orff seine Klangwelt in ihren vielerlei Abstufungen bis hin zum Instrumentationseffekt der verschiedenen Sprachen registermäßig bespielt, nicht anders registriert er auf seiner Weltorgel des Theaters die Klänge und Elemente von Wort, Ton, Bild, Geste, des Musikraumes und darüber hinaus des geistigen Raumes in wahrhaft farbvollem Zusammenspiel. Und dieses Bild charakterisiert auch den "Symbolisten" Orff, denn alle die Situationen, die sein "Welttheater" in buntem Spiel auf die Bühne stellt, sind "Register des Lebens" (Doflein).

Diese Registrierung geschieht von einem hintergründigen Punkte aus, in dem alle Ausdrucksmächte und Ausdrucksmöglichkeiten des Geistigen wie der Erscheinung noch ungeschieden ineinanderlagern. Es ist "der Urgrund Musik" – ein Wort, das Orff einmal fallen ließ (Oster).

Der Begriff enthüllt nicht nur den letzten Urgrund dessen, was für Orff "Musik" ist, sondern den Urgrund aller Ausdruckserscheinungen, die eben nur noch im zentralen Symbol von "Musik" und "Bewegung" faßbar werden. Der "Urgrund Musik" wirkt in der Sprache, im Tonklang, aber auch im schwingenden Nichtklingen der Pausen; seine rhythmischen Schwingungen gliedern sich im Spiel der Farben, der Gesten und Bilder, aller elementaren wie synthetischen Ausdrucksformen nicht minder aus.

Der Unterschied zu Wagners Gesamtkunstwerk wird mit diesem zentralen Prinzip des "Urgrundes Musik" sinnfällig; und zugleich wird verständlich, daß Orffsche Gebilde mit dem Maßstabe der Oper oder des "Schauspiels mit Musik" zu messen, unweigerlich zu einem Fehlurteil führen muß. Deren traditionelle Formen berührte er nur ("Der Mond", "Die Kluge"), um zur Urvision des Theaters hinabzusteigen und die alten historischen Zeugen aufzurufen, die ihm die Elementarität auch seines Theaters bestätigten.

Werfen wir zunächst im Rahmen von Orffs universalem Theater einen Blick auf die *Neuordnung von Sprechtheater und Musik-*

*theater.* "Ein Sommernachtstraum" und "Die Bernauerin" lassen sie in aller Klarheit hervortreten. Daß diese Ineinanderlagerung von Sprechtheater und Musiktheater aus dem "Urgrund Musik" vielerlei Möglichkeiten hat, lehrt der Vergleich der beiden Werke.

In der "Bernauerin" sind es großflächige Wort- und Musikszenen, die einander folgen; in Shakespeares Spiel ist der Text vielfach von kleinsten Musikpartikeln hintergründig durchschossen, die manchmal über einen einzigen erklingenden Ton, ein Schlagzeuggeräusch nicht hinausgehen; aber auch hier gibt es naturgemäß großflächigere Musikteile. "Astutuli" zeigt mit seinem freien wie rhythmisch gebundenen Sprechen auf Schlagwerkgrund wiederum ein anderes Gesicht. In "Antigonae" hat die Musik die Aufgabe, das Tragödienspiel zu feierlichster Wirkung zu erhöhen. Man könnte hier — mit Ruppel — eine Einheit von Opern- und Schauspielelementen in neuer origineller Zueinanderlagerung sehen. Im "Oedipus" schließlich wie in dem Weihnachts- und dem Osterspiel und in der "De Temporum fine Comoedia" liegt der Schwerpunkt nunmehr ganz auf der Sprache. Die Musik begrenzt sich in reinster elementarer Wirkung auf den notwendigsten Raum, um den Untergrund des Wortausdruckes zu erhellen. Allein der "Prometheus" kennt (etwa in der Nereiden-Szene) eine gewisse, etwa der "Antigonae" entsprechende Annäherung ans Rein-Musikalische.

Bei all den verschiedenen Formen, die das Orffsche Zusammenspiel von Sprech- und Musiktheater erzeugt (und schon in dem "Mond", in der "Klugen" beginnt der Prozeß), ergibt sich für den Hörer nie der Eindruck einer mechanistischen Zusammenfügung der Teile, sondern der eines organischen Ganzen, ein Erlebnis "aus der Mitte", eben aus diesem "Urgrund Musik", aus welchem Orff die Werke gestaltet hat. Man spürt auch hier, "daß etwas Ganzes aus dem Ganzen kommt " (Doflein).

Ein weiteres bedeutsames Merkmal des Orffschen Theaters ist das *Monologisch-Statische der Szenen.* In dieser Statik, welche Einbruch des Epischen bedeutet und zugleich eine Erinnerung an die alte Mysterienbühne beschwört, werden gewisse Hauptstationen des dramatischen Geschehens wie in einer Bilderbuchfolge vor den Betrachter hingestellt. Orff bekennt sich voll und ganz zum neuen epischen Theater der Gegenwart, das durch Bert Brecht seine stärkste Ausprägung gefunden hat. Bei Orff erhält es ein ganz persönliches und markant geprägtes Gesicht. Das epische Theater ist betrachtendes, demonstrierendes, parabolisches, auch lehrhaftes Theater. Es steht im Gegensatz zu dem psychologisierenden Handlungsablauf und der psychologisierten Musik der traditionellen Opernform. Die Res-facta-Setzung bestimmt das Statische der Szenen in allen Orffschen Werken. Form des Theaters und Form der Musik entspricht sich hier also vollkommen. Es wäre gar nicht möglich, zu diesem Theater eine andere Musik, zu dieser Musik ein anderes Theater zu denken. Wieder ist es die "Bernauerin", die als charakteristisches Beispiel gelten kann.

Diese theatralisch-musikalische statische Form stellt naturgemäß auch ganz *neue Forderungen an die Darsteller*. Nicht der Opernsänger, auch nicht der traditionelle Schauspieler vermag sie zu erfüllen. Es bedarf hier einer neuen mimischen Ausformung, die dem Typischen wie dem Statischen (dem "lebenden Bilde") ausdrucksmäßig gerecht zu werden vermag. Es muß diesem neuen Schauspielertyp etwas eigen sein, das in der verhaltenen Darstellung "an Statuen früher Kulturen" erinnert (Oehlmann); vor allem aber bedarf es für ihn eben des Erlebnisses jenes "Urgrundes Musik" und seiner Widerspiegelung im Gestischen der Wort- und Spielgestaltung.

Das Wesen des Orffschen Theaters, das – wie seine Musik, seine Pädagogik – im Durchstoß durch alle Schemata der Konvention Urgründe und Zeitloses enthüllt, ist *elementar*. Und als solches ist es symbolisches Theater; nicht mehr wie die traditionelle Oper "Gesellschaftstheater" und "Illusionstheater", sondern *"Welttheater"*. Im Bildhaften und Elementaren wird *"das Unmittelbare"* angezielt und der Seinsbezug allen Spiels erneut bloßgelegt. Das ganze Theater wird zum Symbol des Menschen, des Lebens, der Welt, wahrhaft erneut ein "theatrum mundi". Orff "hat in allen seinen Werken das Theater wieder zu seinem angängigen Sinn als Vermittler gleichnishafter und sinnbildlicher Vorgänge zurückgeführt, durch die eine Deutung des Lebens und seine Bindung an schicksalsbestimmende seelische und geistige Mächte vollzogen wird" (Ruppel).

Aus dem Kern eines neuen "Welttheaters", das "Urtheater" freilegt, verstehen wir erst voll und ganz die Neuformung Orffs in Anlage, Technik, Musik. Und daß der Weg zu ihm kein spekulativ-intellektualistischer, sondern ein durch die Intuition bestimmter war, bedarf kaum einer Betonung: "Das theatrum mundi von Orff gründet in der Sicherheit und Stete des vom genialischen Instinkt erkannten und erlebten Gesetzes" (Oster). "Welttheater" heißt: Ablehnung aller individuellen Darstellung um ihrer selbst willen. Der Einzelfall hat nur Sinn und Wert als Typus *des* Menschen. Und vor allem: der ganze geistige und auch dämonische Welthintergrund erhebt sich sichtbar hinter ihm. Der Mensch erscheint projiziert auf diesen Hintergrund, sub specie aeternitatis, als ihr Exponent, als ihr Schattenwurf — auch als ihr Opfer. Die Parallele zu Paul Claudels gewiß rein katholischem Welttheater liegt nahe.

Ob Fortuna über dem Reigen der "Carmina Burana" thront, ob Petrus im "Mond" die Weltordnung aufrechterhält, ob die dämonischen Mächte das reine Liebesglück zweier Menschen zerschmettern ("Die Bernauerin"), ob "Antigonae", "Oedipus" oder "Prometheus" als Gestalten der griechischen Tragödie in Orffs Schaffenskreis treten oder Shakespeares "Sommernachtstraum" das Ineinanderspiel der dämonischen Mächte und der Menschenwelt zeigt: das theatrum mundi ist allgegenwärtig, allsichtbar in diesen Formungen Orffs verkörpert. Weihnachts- und Osterspiel zeigen die Heilsereignisse als Widerspiegelungen des ewigen Streits der göttlichen und teuflischen Mächte, kosmischer Ereignisse nicht minder wie der gigantische Versuch des "Spiels von den letzten Dingen", der eschatologische Fragen der Menschheit ins Blickfeld rückt.

Das "statische Theater" ist zudem gleichsam ein Schutzwall gegen jedes Mißverständnis, welches hinsichtlich der Innenzeichnungen der "lebenden Bilder" der Orffschen Szene walten könnte. Bei der vorhandenen Eindeutigkeit aber besteht kaum die Gefahr, daß die "Bernauerin" oder "Catulli Carmina" als individuelle Liebesschicksale gedeutet werden könnten.

Immer wieder hat Orff mit zielsicherem Griffe aus der Fülle der Stoffe typisch welttheatergezeichnete Figurenspiele herausgegriffen; immer hat er es verstanden, ein belangloses Nebeneinander (wie beide "Carmina" vor allem im Grundstoffe sich darstellen) ins Licht einer hintergründigen Idee zu heben; immer wieder findet er die Stoffe auf, welche Ich und Überpersönliches einen, Urthemen der Menschheit, des Menschlichen in Märchen, Sage, Schwank sind.

Aus dieser Geistigkeit heraus ist es nur logisch, daß Orff zu Kernthemen des christlichen Mythos griff (Christi Geburt, seine Passion und schließlich das "Jüngste Gericht"); zugleich aber, und dies aus vielerlei Gründen, durch die griechische Tragödie angezogen wurde. Er folgte hierin, ohne von diesen Zeilen Kenntnis zu haben, der Idee Debussys, welcher im Jahre 1903 über die Möglichkeit eines allgemein verständlichen Theaters für das Volk schrieb: "Was zu finden wäre, scheint mir eine Kunstform zu sein, welche nach Geist ebenso wie nach Inszenierung sich der großen Menge anpassen könnte. Ich gebe nicht vor, daß dies der einzige Weg zu sein vermöchte, aber könnte man sich hier nicht der Alten Griechen erinnern?"

"Ist es nicht bei Euripides, Sophokles, Aischylos, daß man die großen seelischen Regungen der Menschheit in einfacher Weise und in ihren so natürlichen tragischen Auswirkungen dargestellt findet, so daß sie auch den am wenigsten gebildeten wie aufgeschlossenen Seelen verständlich sind? – (Um sich davon zu überzeugen, möge man sich eine Vorstellung des Aischyleischen "Agamemnon" in der so vorzüglichen Übersetzung Paul Claudels vorstellen)."

"Wäre das dem Volke nicht viel mehr entsprechend als alle

psychologischen und gesellschaftlichen Finessen des zeitgenös-
sischen Repertoires? Wenn man die Menschen ihre alltäglichen
Beschäftigungen vergessen machen will, ist es nicht am Platze,
hochgeschraubte Mittel anzuwenden, denn da das Ziel ist, sie
aus dem Trott des alltäglichen Lebens herauszureißen, wäre es
völlig falsch am Platze, ihnen von diesem zu exakte Abbilder zu
zeigen, so gelungen sie auch sein mögen.”

“... Wiederentdecken wir die (griechische) Tragödie, indem wir
ihre simple musikalische Ausstattung mit den unbegrenzten Mitteln des modernen Orchesters und einem Chor unzähliger Stimmen bereichern, ohne keineswegs darüberhinaus zu vergessen,
was an Wirkung man aus der Pantomime und dem Tanz zu ziehen imstande wäre, indem man damit die klare und einleuchten-
de Darstellung zur letzten Höhe eindringlicher Wirkung brächte,
wie es eben der Aufnahmefähigkeit einer Menge entspricht.”
(nach “M. Croche”, ed. Fr. Lesure, Paris 1971).

Uneingestanden liegt auch bei dem Orffschen Theater die Idee
“für alle” vor. Und wenn Debussy aus seiner Zeit heraus noch
eine mit den Mitteln des modernen Orchesters aufgesteigerte
Formung vorschwebt, eine “Versinnlichung”, so geht in diesem
Punkte Orff aus der “Vergeistigung” heraus andere Bahnen.
Orffs Theater ist Grenzraum. Durch die von ihm in echt barok-
ker *Schauhaltung* hier aufgebauten sinnlichen Gebilde blicken
wir auf das Geistige des Lebenshintergrundes. So ist sein Theater wahrhaft immer “geistige Auseinandersetzung und geistiges
Ereignis”! Und dieses Geistige wird formal in der Stilisierung
des Theaters sichtbar.

Wie die musikalische, so bleibt auch seine literarische und bild-
nerische Symbolik der Bühne -- fern reiner Abstraktion – in
sinnlich-naturalistischer Nähe. Es sind keine Allegorien, keine
Gestalten des “als ob”, die hier auftreten, und keine ebensol-
chen Bilder oder literarischen Szenen. Natürlichste Lebensvor-
gänge in natürlicher Sprachzeichnung und von unmittelbar faß-
licher Bildlichkeit sind die Symbolträger, die dennoch alle Hin-
tergrundsbezüge aufreißen. Und dies geschieht natürlich durch

das unzertrennbare Zusammenwirken *aller* Bühnen- und Musikelemente; den Rhythmus an der Spitze, über den Ruppel – in umgekehrter Sicht – an Orff schrieb: "Ihr Rhythmus ist deshalb so ungeheuer plastisch, weil Sie ein anderes als ein organisch-mimisches und gestisches Metrum überhaupt nicht kennen!"

Die klar faßliche Symbolprägung gehört als bildhaft-farbfreudiges Element gleichsam mit zu der die geistige Schau auslösenden "vitalen Taste".

Und doch grenzt die *Stilisierung* das Naturalistisch-Sinnliche stark ein. Orff schaltet die Pracht und Fülle des Illusionstheaters gerade aus. Sein Weg führt von Werk zu Werk (aber auch in der Inszenierungsvorstellung eines jeden Werkes) zu immer höherer Stilisierung, immer größerer Vereinfachung, Verwesentlichung, und damit intensiverer "geistiger" Wirkung.

Die Möglichkeiten sind bei den einzelnen Werken naturgemäß verschieden: "Antigonae" und "Sommernachtstraum" können auf reiner Stilbühne, "Die Kluge", "Der Mond", "Astutuli" mit einigen wenigen szenischen Andeutungen gespielt werden; "Die Bernauerin" bleibt an einen gewissen naturalistischen Bildgrund gebunden. Die "Carmina Burana" sind in der Darstellung ihres geistigen Raumes völlig unabhängig von mehr oder weniger naturalistischer Einkleidung; als Bilder des unmittelbaren Menschenlebens und Menschenerlebens kommt ihr geistiger Kern stets klar zur Geltung.

Grundsätzlich ist Orffs Ideal die Stilbühne. Josef Fennecker, Ludwig Sievert, Caspar Neher, Franz Mertz, Helmut Jürgens, Gustav Rudolf Sellner, Günther Rennert, O. F. Schuh, Heinz Arnold, Hans Schweikart, Rudolf Hartmann, Wieland Wagner, Paul Hager, Walter Felsenstein, Hans Hartleb, Jean-Pierre Ponnelle, August Everding, Bohumil Herlischka u.a.m. haben besondere Beiträge zur stilisierten Darstellung in diesem Sinne geleistet. Orffs visionäre Vorstellung spielt gewiß mit immer abstrakteren Bildern der Gestaltung. Letzte Begrenzung, alleinige Kontur und Wirkung der geistigen res facta ist sein Traum.

Längst sind alle alten Regieanweisungen gefallen. Der Vergleich der beiden gedruckten Fassungen des "Mondes" gibt über den Prozeß interessanten Aufschluß. Gewiß war es nur natürlich, daß am Beginn die Fülle der anschaulichen szenischen Anweisungen stand, denn Orff hatte zunächst alles niedergelegt, was er selber bei der Schöpfung des Werkes visionär sah.

Orff, *der Interpret* in vielerlei Gestalt, dieses Thema tritt mit dem vorstehenden in den Blickkreis.

Wer ihn am Flügel erlebt hat, wie er nicht nur die Musik, sondern das ganze Kunstwerk im alleinigen Akte des Musizierens zum Aufklingen bringt, der wird den Eindruck nie vergessen. Mit Ruppels Worten ist dieses Erlebnis dem Leser vielleicht am besten nahezubringen: "Man muß Orff am Klavier erlebt haben, ein eigenes oder fremdes Werk ... vortragend: In wenigen Augenblicken ist man der Faszination seiner mitschaffenden Phantasie erlegen, die (ganz anders als etwa ein sich entladendes komödiantisches Temperament, das sich in eine oder mehrere 'Rollen' hineinversetzt) dem Ganzen Umriß und Farbe gibt, aber nicht so, daß es wie eine wenn auch suggestive Impression vorüberweht, sondern fast konstruktiv, das heißt aus der intuitiven Erkenntnis des inneren Formgesetzes, gleichsam die Verräumlichung des Klanggeschehens vollzieht. Man möchte sagen, daß die Partitur, aus der er spielt, für ihn nicht nur die graphische Fixierung eben dieses Klanggeschehens, sondern auch des parallelen Bühnenvorgangs darstellt, daß er ihre Noten ebenso als Ton wie als Bildsymbol liest. Ich entsinne mich, wie er mir zum ersten Male die große Sauforgie der 'Burana' ("Bibit hera, bibit herus, bibit miles, bibit clerus") vorspielte – da war alles, was es an zünftigen bairischen Räuschen von der Vagantenkirmes des Mittelalters bis zum Oktoberfest gab, in einer 'Klanggeste' von umwerfender Plastik festgehalten, die auf die Szene zu übertragen kaum noch eine Frage des Stilgefühls als vielmehr der Vitalität des Regisseurs schien." Gleiche tiefe Erlebnisse vermitteln gelegentliche Lesungen der "Bernauerin" oder der "Astutuli". Hier ist er das *ganze* Theater selbst; und

die Suggestion so stark, daß die Szene, das Zusammenspiel
— eben der ganze bildhafte Raum — einfach da ist und die Musik als Untergrund west, ob man sie kennt oder nicht! — Man muß Orff erlebt haben, wenn er eine Aufführung oder Probe dirigiert und aus der Geste heraus den Ausführenden Interpretationsanweisungen gibt.

Es ist überall das gleiche: Aus dem Visuellen, aus der Bewegung, kurz der lebendigen Schau einer Vision, formt, gestaltet, erklärt er. Immer trifft er den wesentlichen Kern, alles kommt aus der Mitte des elementaren Gesetzes! —

Orffs "Welttheater" gibt in der Schau von vital-sinnlichen Gestalten und Bildern zugleich das Erlebnis der hintergründigen Welt des Geistigen und der dämonischen Mächte. In den Bühnenbildern alter Fassung finden Mächte und Standorte der Welt wie im alten Mysterientheater auch ihre reale Symbolisierung. Die Bühne ist quergeteilt. So im "Mond" in: Himmel, Erde und Reich der Toten; so in der "Bernauerin" gleicherweise in Unterwelt der dämonischen Mächte, Welt des irdischen Geschehens und die hohe Welt des Göttlich-Reinen. Symbolisch wird auch Haupt- und Vorbühne verwandt ("Die Kluge", "Die Bernauerin"); und wir finden auch die Bühne auf der Bühne ("Catulli Carmina" und "Astutuli"). Aber selbst eine reine Stilbühne würde die Präsenz der Mächte nicht verwischen. Es bliebe sichtbar das Reich des Lichtes und das Reich der Dämonen, und zwischen beiden das des Menschen, der nicht nur Marionette ist, sondern immer aktiver Träger und Gestalter der Welt. Ein Optimismus spricht aus aller Unterstellung unter das Weltgesetz, auch aus allem seinem Erleiden. Die *Trionfo-Idee* durchzieht das gesamte Schaffen Orffs: die Idee des homo triumphans in allem Leben wie in allen Formen des Todes. Aus einer Weltphilosophie hoher und hintergründiger Sicht formt Orff jedes seiner Werke zu einer Apotheose des Geistes, des Lebens, des Menschen.

Einen besonderen Punkt des Orffschen Theaterbildes muß unsere Skizze noch berühren: die Liebe Orffs zu *Kontrastsetzungen,* zu *Simultandarstellungen* (auch gerade psychologischer Überlagerungen), die Liebe zum *Paradoxon* und nicht zuletzt zur *parodistischen Ironie.*

Der großen Spannbreite seines Theaterbildes entspricht dessen spannungsreiches Innenleben. Immer ist "etwas Äußerstes in seiner Thematik" (Doflein). Extremste Bilder und Gestalten, die die Bereiche Gottes und des Teufels und des Menschen zu bieten haben, zwingt er zur Einheit des Werkes. Und diese lebendige Fülle macht gerade *sein* Theater wie das Welttheater aus. Doch mehr noch: diese Extreme liegen dicht nebeneinander, reiben, ja durchdringen sich: Himmel und Hölle, das Zarteste und Keuscheste wie das Derbste, Ordinärste, das Lauteste und Leiseste, Eros und Sexus, das Reinste und das Amoralische; und "das Saufen ist ein existentielles Phänomen wie die Nachbarschaft von Lust und Tod" (Doflein).

Und diese Überlagerungen gehen bis ins Feinste. Großflächig ist die Kontrastierung etwa noch mit Agnes und Albrecht auf dem Hintergrunde des verworfenen Badstubenlebens. In feinerer Abtönung zeigt sich die Simultandarstellung in der Abendszene der Bernauerin vor ihrer Aufhebung: Hier singt und spricht Agnes gleichzeitig auf zwei seelischen Ebenen, und die pochenden Rhythmen des Orchesters weisen im Weitertragen des vorangegangenen Rufes der Kirchenszene "Nieder mit der Bernauerin!" auf das Kommende hin.

In feinsten Reflexen spielt Orffs Simultandarstellung schließlich mit dem Doppelsinn des Wortes und der Situationen und nicht zuletzt: mit dem *Paradoxon.* Dieses gerade spiegelt das "echte" Lebensbild wider; denn "Leben" ist nie eindeutig, immer vieldeutig. Würde und Lächerlichkeit leben im gleichen Akte, Sinn und Unsinn, Recht und Unrecht, Klugheit und Dummheit; ja Gott und der Teufel reichen sich im "Bilde" der Welt und ihres Spiels die Hand.

Diese Vorliebe zum Paradoxon ist ein Weg der Wahrheitsaufzeigung für Orff. (Und Andeutungen kann man schon in dem Geistverwandtschaft bekundenden Interesse am Stoff von

"Leonce und Lena" wie in dem psychologischen Zugriff bei der "Lukaspassion" erkennen). Er spielt auf dieser Orgel lichternder Kontraste, der Simultaneitäten und der paradoxen Register wahrhaft virtuos. Aber sein Tiefblick spürt dabei den Punkt auf, wo gleichsam die Parallelen sich im Unendlichen schneiden, wo Unvereinbares, die Kontrastwelt des ganzen vordergründigen Spiels, zusammenfällt und sich in letzten Sinngebungen erlöst. — Man möchte sagen: Orffs Schauwelt lebt aus jener Idee, die der große Cusaner "coincidentia oppositorum" nannte. Nichts kann eben aus der letzten Einheit des Menschseins und des Menschlichen, des großen Welttheaters herausfallen.

Diese polychrome Spielnote des Orffschen Weltbildes, diesen dynamisierten geistigen Spielkosmos überlichtert nun die *Ironie*. Orff, der Parodist, tritt uns entgegen. Es ist oftmals unmöglich, zu sagen, wo Ironie und Parodie beginnen, wo Ernst, echtes Gefühl und wahre Naivität aufhören. So fein sind die Mischungen. Musterbeispiele: "Cour d'amours" der "Carmina Burana", das "Trompeter-Nocturno" des "Sommernachtstraums", die "Zettel-Titania"-Szene, das ganze Spiel der "Klugen", des "Mondes", von "Astutuli".

Aber Orff scheut auch vor den gröbsten Realismen nicht zurück, wie im Spiel der Gauner der "Klugen" und dem der "Rüpel" im "Sommernachtstraum", um die Parodie im Kontrast, die Ironie im Paradoxen recht zur Geltung zu bringen. Hier — und dies muß nachdrücklichst unterstrichen werden! — ist die *Einfallspforte alles Bänkelsängerischen* in seinem Werke wie auch aller Kontrafakturen, wie sie insonderheit "Der Mond" (die Opernparodien u.a.m. in der Totenszene) und "Die Kluge" bieten.

An gewissen Stellen (z.B. am Schluß der "Klugen") denkt man geradezu an "romantische Ironie", deren Kurzschlußtechnik Heine so meisterhaft handhabe. Aber es ist ein großer Unterschied zu Orff. Heine zerstörte die positive Welt durch negative Schlüsse; Orffs Ironie gibt in ihrem Blitzlichte gerade den Beweis der Einheit auch in der kontrastvollsten Vielheit. Man muß bei ihm, wie er es selber nennt, von einer "ironischen Naivität" sprechen. Ein Beispiel bietet der "Mond"-Schluß mit der naiven Zitherspielbegleitung, die wie das erwähnte Trompeter-Nocturno echt romantisches Gefühl unabhebbar mit Ironie durchdringt.

Alle diese geistigen Spielnoten sind raffinierte Wege zur hintergründigen Wahrheitserhellung und letztlich zur Erhellung der Welteinheit. Beides: Schaubild wie das geistige lichternd gebrochene Lebensbild erhalten im Welttheater Orffs ihre Sinngebung aus einem tiefen Glauben an die auch die Weltunvernünftigkeit durchwaltende Weltvernunft. Auch das ist letztlich ein Ausdruck der Trionfo-Idee!

Ist Orffs Theater universal im Hinblick auf das große Welttheater, das er entrollt, so ist Persönlichkeit wie Werk auch *universal im Blickfelde des abendländischen Geistes* in Raum und Zeit. Als Abkömmling des bairischen Stammes ist Orff Träger der besonderen Theaternatur, besitzt er die innere visionäre Greifweite, die barocke Freude am Schaugepränge, wie sie eben nur der theaterfreudige deutsche Süden, dieses katholisch geprägte, Gott und den Dämonen offene Land kennt, das noch das echte mittelalterliche Weltbild zu beschwören vermag und das Ursakrale, die Begegnung mit der Welt der Mächte, im eigenen Glaubensgebiete erlebbar erhalten hat. Zugleich verbindet Orffs Persönlichkeit damit die äußere Universalität, die vor allem Latinität und Deutschtum, das mystische Helldunkel nordischer Phantasie und visionärer Schau mit dem gleißenden, unerbittlichen Lichte des südlichen Mittags, seiner klaren Wirklichkeits- und Formbeleuchtung eint. Die Synthese von Nord und Süd — zweifelsohne nicht minder aus altem bairischem Erbe erwachsen — nimmt bei Orff jedoch wiederum das Bild einer Synthese äußerster Extreme an.

Sein Werk ist zutiefst abendländisches Bekenntnis. Es vereinigen sich zu wahrhaft universalem Reigen in seinem Schaffen Stoffe aus der bayerischen Historie, dem deutschen Märchen (aber auch dem Weltmärchen), griechische und römische Dichtung, mittelalterliche Vagantenpoesie und Liebesdichtung, spanische

Motive und italienischer Humanismus, Shakespeare und die griechische Tragödie. Der Humanist Orff umspannt die gesamte abendländische Tradition des Geistes, der Musik, der Theaterform. Bei seinem Theater hat wahrlich das ganze Abendland Pate gestanden, historisch bis auf den Seinsgrund durchforscht und filtriert: Elemente des Barocktheaters und der Shakespearebühne, des Oratoriums und der Oper, des Stegreifspiels, der Terenzbühne des Mittelalters und vor allem des Mysterienspiels und der Welt des altgriechischen Theaters.

Aber, ist es ein Zufall, wenn wir Orffs umfassenden, alles verlebendigenden Geist bedenken? Ist es nicht eben das, wovon wir am Beginn sprachen: *die Herrschaft und Wahrung des großen "Erbes"*, das zur Gänze in ihn eingegangen ist und ihn, den Bayern und Mitteleuropäer wie den natürlichen Wahlbürger der mittelmeerischen Geistesheimat, zum Geistträger der abendländischen Gesamtkultur macht?

So ist sein Theater "Welttheater" im metaphysischen wie "Welttheater" im geographisch-abendländischen Sinne; ist Aufbrechen der Urzonen und Bewahrung wie Verlebendigung des historischen Erbes; auch dieses erlebt im Seinsbezuge als unwandelbarer und darum *gegenwärtiger Wert* durch alle sich wandelnden und verwehenden Formenwelten hindurch und somit den abendländischen Menschen in Sein und Werden einend. Eine reine Mischung der Elemente, die freigelegt wurden, ist auch hier vollzogen. Das Ganze spiegelt sich erneut in einem Ganzen. Abendländischer Mensch und bayerischer Mensch, das sind die Pole von Orffs Persönlichkeit wie Theater. Welche Extreme bieten "Astutuli" und "Prometheus"! Aber auch sie, da aus *einem* schöpferischen Quell kommend, stehen als Abkömmlinge einer gleichen Geisteswelt ebenso recht und richtig zueinander wie die Gephyrismen des "Liedes vom Bettschatz" im ekstatischen griechischen Hochzeitszuge der "Afrodite". Wer nicht selbst eine große Spannbreite des Menschlichen und der geistigen Weltschau in sich vereinigen, das Paradoxe und Kontrastierende zur Einheit zu bringen vermag, kann leicht an Orff irre werden. Er verlangt Schau aus der Mitte, Menschentum aus der Mitte, das alle Farben im Spektrum des Lebens auf die reine geistige Grundfarbe tiefsten Weltsinnes und des elementaren Urgrundes zurückzuführen weiß. Alle Ausgliederung seines Schaffens, so weit die Spannbreite der erscheinenden Kontrastwelt sein mag, sind nur Nuancen des Grundes — und auch Abgrundes —, den Orffs Persönlichkeit als eben das menschliche Fundament elementarer Art (vor jeder Zeit- und Ortsausgliederung) birgt und beschwört; die "Carmina" und die "Bernauerin", "Astutuli", "Antigonae" und "Afrodite", "Der Mond" und "Die Kluge", "Ein Sommernachtstraum", die griechischen Tragödien und die sakralen Spiele, sie sind keine historischen Resultate, sondern sie eint wesenhaft der elementare Seinsbezug. Daher gibt es im Welttheater Orffs — in welchem Gewande die Menschen hier auch auftreten mögen — nur den Menschen des Hier und Jetzt! Daher ist alle seine Erlebnis- und Darstellungswelt *"unmittelbar zur Gegenwart"!*

Gibt es eine "Entwicklung" im Orffschen Schaffen, so nur die der immer klareren Herausarbeit des *"Wesentlichen"*, das heißt der seienden geistigen Bestände seiner theatralischen Symbolwelt; und damit die Bemühungen, unerbittlich und immer schärfer dieses Wesentliche als res facta durch sich selbst und allein sprechen zu lassen. Das gerade aber bewirkt das Fehlurteil, das — in einer Betrachtung nur von seiten der Musik aus — oftmals gehört wird. Vietta hatte schon geschrieben: "Orffs Verhältnis zur Bühne ist fast zu einem Lehrsatz geworden: Es gilt bei den eingefleischten Musikern der 'alten' Schule gleichzeitig als sein Verhängnis. Seltsame Wertmaßstäbe, die da zutage treten! Wer, wie Orff, für die Bühne, ja mit der Bühne komponiert, soll weniger als der 'absolute' Musiker sein; wer mit den Gesetzen der Bühne ringt, soll noch lange nicht den Rang eines Opernkomponisten erreichen?" — Die unerbittliche Verwesentlichungstendenz Orffs hat diesen Kontrast noch verschärft, indem die über die "Carmina Burana" hinaus sich vollziehende Abklärung der "Catulli Carmina" bis zur "Afrodite", in erhöhtem Maße dann aber noch die weitere Werkfolge im Bereiche der Tragödienmusikalisierungen und der geistlichen Spiele, kurz eben das Ringen Orffs um die geistige Vergegenständlichung seines Welttheaters, bei diesen eingefleischten Musikern eine nur rein musikalische, daher unzulängliche Beurteilung fand, *entgegen* der Warnung K. H. Ruppels: "Man wird Orffs Schaffen nicht gerecht, wenn man es ausschließlich unter musikalischen Gesichtspunkten betrachtet!"

# II. BLICK AUF DAS WERK

## DAS BÜHNENWERK

### MONTEVERDI-BEARBEITUNGEN

*Orpheus, L'Orfeo, Favola in musica di Claudio Monteverdi, 1607, in freier Neugestaltung* (Deutsche Textfassung: Dorothee Günther). Uraufführung: Mannheimer Nationaltheater, 17. April 1925. Musikalische Leitung: von Bülow; Inszenierung: Mayer-Walden; Bild: Heinz Grete. Endgültige Neufassung: Dresden, 4. Oktober 1940. Musikalische Leitung: K. Böhm; Inszenierung: H. Arnold; Bild: E. Preetorius.

*Orchesterbesetzung:* 3 Flöten, 3 Oboen (1 Englischhorn), 2 Bassetthörner, 1 Baßklarinette, 3 Fagotte (1 Kontrafagott), 3 Trompeten, 4 Posaunen, Pauken, 2 Harfen, 3 doppelchörige Lauten, Streicher.

Seit Vincent D'Indys erstem bedeutenden Wiederbelebungsversuche (1905) hat der "Orfeo" mehr als ein halbes Dutzend Bearbeitungen gefunden. Orffs Fassung nennt sich ausdrücklich eine "freie Neugestaltung". Es geht ihm nicht um die Wiederbelebung einer historischen Originalform – wie dann auch durch Hindemith –, sondern er will den unvergänglichen dramatischen Kern in aller Unmittelbarkeit und Klarheit greifbar machen. Curt Sachs hatte in seinem Vorwort zu einer Einführung (1925) die Berechtigung des Orffschen Vorgehens unterstrichen: "In Monteverdis Partitur ... ruhen nicht ausschließlich zeitlos unvergängliche Werte. Denn der Orfeo ist kein frei ins Leben hinausgestelltes Kunstwerk, sondern eine Gelegenheitsoper, zwischen deren Notenzeilen der Kundige das Mantuaner Hochzeitsfest vom Jahre 1607 mit all seiner Pracht und seiner höfischen Zuhörerschaft abzulesen vermag. Gelegenheit und Publikum sind hier mitgedichtet und mitkomponiert ... Monteverdis Oper in der Urgestalt auf die heutige öffentliche Bühne mit heutigem

Publikum zu stellen, wäre eine schwerere Sünde am Geiste des Werks, am Geiste Monteverdis, als eine taktvolle, mit künstlerischem und geschichtlichem Verantwortungsgefühl unternommene Neugestaltung. In dieser Erkenntnis liegt das Recht, liegt die Pflicht der vorliegenden Bearbeitung."

Zwischen Willkür und zielsicherer künstlerischer Absicht liegt eine Kluft!

Strawinsky sagte im Hinblick auf Bearbeitungen alter Werke: "Man muß sich bei solchen Arbeiten immer fragen, ob der Respekt vor der alten Musik oder die Liebe zu ihr die Oberhand behalten soll." Bei Orff ist Erkenntnis der dramatischen Urlinien und der Wille, sie herauszuarbeiten, hinzugetreten.

Ihre Freilegung zieht gewiß nicht unbeträchtliche Eingriffe nach sich. Alle allegorischen Figuren sind gefallen. An Stelle der "Musica" hat im Prolog die altdeutsche Orpheus-Erzählung des Notker nach Boethius ihren Platz gefunden, um die überhistorische Gültigkeit der Fassung zu unterstreichen; und als Personen bleiben: der Sprecher (neu), Orpheus, Euridice, die Botin, der Wächter der Toten (Charon), Hirten, Nymphen und Schatten. Die fünf Akte werden auf drei zusammengezogen, indem einmal naturgemäß die Apotheose des fünften Aktes entfällt; ebenso aber die Pluto-Proserpina-Szene (vierter Akt); Charon vereinigt in sich die ganze Gestalt und Macht der Unterwelt und erteilt nun auch den im Originale Pluto zustehenden Spruch. Deshalb aber mußte seine Figur in die zeitlose des "Wächters der Toten" umgewandelt werden.

Wie alles Beiwerk fällt, zeigt auch das Detail. Die Hirten und Nymphen des *ersten Aktes* treten als nicht solistisch aufgespaltener Spielkomplex den beiden Solofiguren Orpheus und Euridice gegenüber; die "Reibung", die wir in der künstlerischen Gestaltung und im mannigfaltigen Formarsenal der Zeit so oft bemerken, wird bei Orff durch konzentrierte Organik aufgehoben. Um die jubelnde Freude des ersten Aktendes gegenüber dem Kommenden zu unterstreichen (Orffscher Kontrast), findet die Schluß-Moresca sich hier schon angefügt. — Im *zweiten Akt* sind alle Einwürfe der Hirten in der Zwiesprache des Orpheus mit der Botin der Todesnachricht eliminiert. In gleicher Weise legt Orff die ganze Wucht der tragischen Klage des Orpheus am Aktschluß frei. – Im *dritten Akt,* der zum musikalischen Höhepunkt des ganzen Werkes, der großen konzertanten Unterweltsarie des Orpheus, führt, ist "der Wächter" als Symbol der gesamten Totenwelt das Ergebnis Orffscher Verwesentlichung. Konsequent wird mit einer pfeilerhaften Verwendung des die Unterwelt charakterisierenden Monteverdischen Sinfonia-Leitgedankens organische Rundung geschaffen. Am Ende des Werkes steht in erbarmungslosem Zuschnitte die Klage des Orpheus um die erneut verlorene Euridice. In dieser Freilegung des dramatischen Gerüstes ist wirklich das ganze mitkomponierte Hochzeitsfest wie auch alles unwesentliche, ja oftmals den dramatischen Schritt nur retardierende Beiwerk ausgeklammert.

Wie mit dem Text, schaltet Orff auch mit der musikalischen Substanz frei. Das erfordert der ideelle Ausgangspunkt der Bearbeitung wie ihr neuer dramatischer Zuschnitt (siehe auch im Technischen die moderne Form der Stimmstützung und anderes mehr).

Die Instrumentation geht auf einen orgelmäßigen Klang aus. Bezeichnend dafür ist die Verwendung von Bassetthörnern und Baßklarinette (andere Klarinetten fehlen!) – quasi organi di legno. Charakteristisch ist gleicherweise der Klang der beiden Harfen mit den doppelchörigen Lauten. Doch können diese eventuell durch Cembalo ersetzt werden. Und im Blech fehlt selbstverständlich der romantische Hornton. Ein instruktives Instrumentationsbeispiel gibt die Abb. S. 41. Es stammt aus der großen Unterweltarie des Orpheus.

*Tanz der Spröden, Ballo delle Ingrate in genere rappresentativo di Claudio Monteverdi, 1608, in freier Neugestaltung* (Textfassung: Dorothee Günther). Uraufführung: Karlsruhe, 28. Dezember 1925. Musikalische Leitung: Ferdinand Wagner; Inszenierung: Otto Kraus; Bild: D. Günther. Endgültige Neufassung:

Reuss. Theater Gera, 30. November 1940, unter Orffs eigener musikalischer Leitung; Inszenierung: Rud. Scheel; Bild: Alfred Sierke.

*Orchesterbesetzung:* 2 Flöten, 2 Bassetthörner, 1 Baßklarinette, 3 doppel-chörige Lauten (eventuell Harfen), Streicher.

Orff hat in Text wie Musik hier noch freier geschaltet als im "Orpheus", so daß man von einer Paraphrase über Monteverdi-sche Musik sprechen kann. Der Text ist völlig neu konzipiert und pointiert, ganz neue Rezitative sind geschaffen. Und um die Verbindung als heiteres Nachspiel zum "Orpheus" zu betonen, wurde als instrumentales Präludium an den Beginn gesetzt das Zitat: "Lasciate ogni speranza, voi ch'entrate!"

Die "Spröden", das sind die Spröden in der Liebe, die nun — reumütig — auf der Venus Wunsch aus der Unterwelt den Spectatores vorgeführt werden, als warnendes Beispiel für die Damenwelt und unmißverständliche Aufforderung an die Braut in echter Renaissanceallegorie. (Das Werk kam 1608 im Rahmen der Festlichkeiten zur Vermählung Franz Gonzagas mit Marg. von Savoyen am Mantuaner Hof zur Aufführung.)

Besetzung und Instrumentation unterstehen im "Tanz der Sprö-den" der gleichen orgelmäßigen Klangtendenz wie im "Orpheus", nur in kammermusikalischem Zuschnitt.

*Klage der Ariadne, Lamento d'Arianna di Claudio Monteverdi, 1608, in freier Neugestaltung* (Textfassung: C. Orff). Urauffüh-rung: Gera, 30. November 1940. Musikalische Leitung: C. Orff; Inszenierung: Rudolf Scheel; Bild: Alfred Siercke.

*Orchesterbesetzung:* 3 Flöten, 2 Oboen, 1 Englischhorn, 2 Bassetthörner, 1 Baßklarinette, 1 Fagott, 1 Kontrafagott, 3 Posaunen, 1 Pauke, Streicher. (Begleitung eventuell auch: 2 Cembali zu vier Händen.)

Dieses berühmte Lamento, das sich als einziges Bruchstück aus Monteverdis Oper "Arianna" erhalten hat, hat Orff gleicherwei-se gegenwartsnah gestaltet. Wieder ist es ein eigener neuer Text, der das "Lasciate mi morire" einformt, und wieder ist die

Monteverdi-Orff "Orpheus", Hamburgische Staatsoper, 1942

"Carmina Burana" Hamburgische Staatsoper, 1942

"Der Mond". Bayerische Staatsoper München, 1958

"Die Kluge". Teatro Valle, Roma, 1950

musikalische Form neu gestaltet; Orff gibt ihr den Zuschnitt einer Dacapo-Arie mit gegenüber dem Original freier ausgestaltetem Mittelteil. Alle Charakteristik des Stils erweisen die einleitenden Ritornellteile, die eine echte Kreuzung zwischen Monteverdi und Orff darstellen. Auch hier sind zudem — wie in der "Orpheus"-Bearbeitung — die Akzente der Begleitung in moderner Weise gesetzt, um die gewaltige Ausdruckssubstanz dieser großen Klagearie in aller Dramatik bis auf die Wurzel freizulegen.

Historische Bearbeitung und Bearbeitung aus gegenwartsnahem Musikerlebnis sind die beiden Möglichkeiten, die Musik vergangener Zeiten uns an die Hand gibt. Der Streit, ob so oder so, wird nicht enden. Orffs Monteverdi-Bearbeitungen bringen aber einen dritten Blickpunkt zugleich ins Sichtfeld: die Freilegung einer urdramatischen Materie aus ihrer Zeitgebundenheit! Ihn darf man als gewichtiges Argument gerade in der Debatte um seine Einformungen nicht außer acht lassen.

Für Orff selbst aber und seine dramatische Entfaltung bedeuteten die Monteverdi-Bearbeitungen erste und volle Bewährung seines Theateringeniums.

Diese drei Monteverdibearbeitungen wurden unter dem Titel *"Lamenti"* zusammengefaßt und in dieser Form auf den Sommer-Festspielen in Schwetzingen 1958 erstmalig zur Aufführung gebracht. Musikalische Leitung: Ferdinand Leitner; Regie: Paul Hager; Bühnenbild und Kostüme: Jean-Pierre Ponnelle.


## CARMINA BURANA

*Cantiones profanae cantoribus et choris cantandae comitantibus instrumentis atque imaginibus magicis*

Geschrieben 1935/36; Uraufführung: Städtische Bühnen Frankfurt am Main, 8. Juni 1937. Musikalische Leitung: B. Wetzelsberger; Inszenierung: O. Wälterlin; Bild: L. Sievert. (Erste Auslandsaufführung: Scala, Mailand, 10. Oktober 1942. Musikalische Leitung: G. Marinuzzi; Inszenierung: O.F. Schuh; Tanzregie: E. Hanka; Bild: C: Neher.)

*Orchesterbesetzung:* 3 Flöten ( auch 2 kleine), 3 Oboen (Englischhorn) 3 Klarinetten (Baßklarinette), 2 Fagotte, Kontrafagott, 4 Hörner, 3 Trompeten. 3 Posaunen, Tuba (auch Stierhorn), 5 Pauken, Schlagwerk (5 Spieler: 2 kleine Trommeln, 1 große Trommel, Schelle, Triangel, Cymbeln, 2 Paar Becken, 1 großer, 1 kleiner Gong, 3 Glocken, Röhrenglocken, 3 Glockenspiele, 1 Xylophon, Kastagnette, Ratsche), Celesta, 2 Klaviere, Streicher.

"Carmina Burana", das heißt: Lieder aus Benediktbeuern, einem Kloster des bairischen Alpenvorlandes. Hier wurde im Zuge der Säkularisation ein lateinischer Lieder-Kodex aus der Zeit um 1300 ans Licht gebracht, der von seinem Herausgeber, J. A. Schmeller, (1847) den Titel "Carmina Burana" erhielt. Offenkundig Handschrift eines Sammlers, umfaßt der Band vornehmlich Lieder und Gedichte der Goliarden- und Vagantenpoesie. Die Stimmen vieler Dichter aus Frankreich, aber auch Deutscher, Engländer und Italiener sind hier vereinigt; und in diesen temperamentvollen, heute vielfach noch in erstaunlicher Frische ansprechenden Gedichten kommt "jeder Bezirk menschlichen Lebens, Kirche, Staat, Gesellschaft und Einzelmensch zu ihrem Rechte" (Brost). In moralisch-satirischen Gedichten wettert man gegen Mißstände des Staates, der Kirche, der Erziehung, gegen die Allmacht des Geldes, gegen den Verfall der Sitten. Daneben steht die Blütenlese von Frühlings-, Tanz- und Liebesliedern und dann: die Poesie des fahrenden Volkes, welche den derbsinnlichen Freuden huldigt, dem Saufen und Fressen, dem Spiel, handfesten Liebesfreuden. Der Hauptstock der lateinischen Dichtungen (eingesprengt: mittelhochdeutsche Tanz- und Liebeslider sowie deutsch-lateinische und lateinisch-französische Mischgedichte) ist insgesamt ein Niederschlag der geistigen Elite von damals in der ganzen Breite, die, ob seßhaft oder fahrend, diese Lieder dichtete und sang. Die Anonymität der Sammlung birgt auch Schöpfungen der bedeutendsten Köpfe der Zeit, wie des Archipoeta ("Estuans interius"). (Nur ein kleiner Teil der "rhythmischen Gedichte" ist übrigens neumiert

[Brost]; zu des Archipoeta Beuerner Zech- und Liebestexten hat jüngst erst W. Lipphardt eine Zahl von Originalweisen aus Motettentenores zusammengetragen [Moser] und in allerjüngster Zeit sind noch andere Originalgebilde gefunden worden. Orff waren also zur Zeit der Schöpfung der "Carmina" originale Melodien nicht bekannt.)

Europa als damalige geistige Einheit hat sich in dieser Sammlung ebenso niedergeschlagen wie das ganze lebendige Leben der Zeit. Und darüber hinaus sind diese Dichtungen wahrhaft Abbild zeitlosen Menschentums in allen Spiegelungen der Seele, hellen wie dunklen, derben wie zarten; getragen "von einer unverwüstlichen Gesundheit" (Schadewaldt).

Auf der Suche nach einem Stoff stieß Orff 1935 auf die Schmellersche Ausgabe der "Carmina Burana". Schon die Miniatur der ersten Seite, das "Rad der Fortuna", entzündete seine theatralische Phantasie: O fortuna velut luna! — In bewußter Auswahl und Textregie formte er das Werk, wobei ihm Michel Hofmann an die Hand ging, dessen metrische Übersetzungen später durch die freien Übertragungen von W. Schadewaldt ersetzt wurden. Unter der eigenen dichterischen Idee ordnete Orff die Auswahl dreiteilig an: 1. "Im Frühling" und "Uf dem Anger"; 2. "In taberna" und 3. "Cour d'Amours" mit "Blanziflor und Helena"; das Ganze umschlossen von dem machtvollen Fortunachor: "Fortuna, imperatrix mundi", unter deren Sinnbild geistig wie szenisch die dramatische Kantate steht.

Ihre statische Form läßt die Herkunft aus Orffs Passionsdramatisierungen und Jesuitenspielbearbeitung erkennen, und die Trionfo-Idee ist sinnfällig in dem "Dennoch" des trotz aller Stürze sein Leben mutig lebenden und erleidenden Menschen! Erst mit der Szene treten diese Lieder, Chöre und Tänze in ihrer Symbolgeltung in aller Eindringlichkeit hervor. "Dem Musiker Orff ist in der Liederhandschrift der 'Carmina Burana' von allem das *komponierbar* erschienen, was dem Szeniker Orff zuerst bildhaft als farbiges Tanz- und Liederspiel vor Augen stand . . . Der mimische Vorgang ist der eigentliche Antrieb seiner darum auch vor allem rhythmisch unerhört prägnanten Erfindung" (Ruppel).

Durch die Tradition zahlloser Aufführungen hat sich eine gewisse Spielform herauskristallisiert, nachdem man das Werk in mancherlei extremen Formen gegeben hatte, so etwa (nach Ruppel) in Hamburg als musikalisch-szenische Kosmologie, in Wien als monumentales Welttheater, in Dresden und Stuttgart als ländlich-höfisches Minnespiel und in Darmstadt als hessisch-bairisches Bauernstück; oder in Berlin als allegorisierendes Mysterium.

Was den Gebrauch des *Lateinischen* angeht, das von Orff hier erstmalig verwendet wird, so wird gegenüber Strawinskys Benutzung dieser Sprache ein klarer Unterschied deutlich: Für diesen ist sie ein Mittel der Objektivierung; für Orff ist sie nicht "tote Sprache", sondern ein unmittelbares, geradezu blutmäßiges Lebens- und Ausdruckselement.

Und ähnliches gilt auch von der einfachen Formenwelt, deren er sich bedient, zumeist der Strophenform. Nicht ging es ihm hier um objektivierende Versteinerung, sondern um die Aufhebung subjektivistischer Nahsichtsverzerrungen im Kunstwerk, aber nicht minder – in dieser für die Gegenwart in der Liederkomposition so überraschend einfachen Form – um wahrhafte Lebenserfüllung.

In den "Carmina" ist der "durchbrochene Stil" der Farbklanggebung der Romantik völlig durch eine blockförmig-registermäßige Orchestrierung ersetzt. Dem frühen Orchesterstil blühender Strauss'scher Palette war in Orffs Schaffen der pointillistische Debussystil gefolgt. Eine Reduktion brachte die Strenge und Klarheit der Werfel-Kantaten ("Des Turmes Auferstehung"). Nun erfolgte wieder eine Anreicherung der Mittel. Gerade auf diesen Stil hatte die Orchesterpalette seines Freundes *Werner Egk* besonderen Einfluß. Dessen phänomenaler Klangsinn hatte in dieser Art schon vor Orff einen eigenen Klangstil gefunden. Schon früh und besonders zur Zeit der "Carmina Burana" – aber auch in der nachfolgenden Zeit – fand zwischen Orff

84

und Egk regster künstlerischer Austausch statt, so daß kaum eine Partitur des einen oder des anderen ohne gegenseitige Beratung endgültig abgefaßt wurde. Der eminente Farbensinn Egks und der besondere Formsinn Orffs ergänzten sich.

Nur wenige *spezielle Hinweise* auf das Werk können hier Platz finden, und die allgemein zugängliche Studienpartitur entbindet von Beispielen. Gerade diese Schöpfung aber ist ein Kompendium der Instrumentationsart Orffscher Prägung.

Nach dem *"Fortuna-Chor"* mit seiner Grundtönung durch Klavier und Pauke zeigt Nr. 3 *("Veris leta facies")* die Stilisierung des Frühlings in einleitenden Vogelrufen, vor allem aber in der aufstrebenden Melodie an, die wie Aufwachen nach dem Winter wirkt. Abstrakt wie intensiv geben sich die Anfangstakte von Nr. 4 *("Omnia sol temperat")*. Wie durch ein Glasfenster schaut man auf das Bild durch dieses musikalische Symbol, dessen starr-gläserne Wirkung durch eine für Orff charakteristische Klanggebung erzeugt wird, nämlich durch Verbindung von hochgelegten Bässen (flag.) mit tiefgelagerten hohen Instrumenten. *"Ecce gratum"* (Nr. 5) ist ein Musterbeispiel Orffschen Formenbaues, wobei dem Staccato des ersten Abschnitts das Legatissimo des Teils "purpuratum", eine wellenförmige Bewegung der aufsteigenden, gegenübergestellt wird.

Mit Nr. 6 beginnen die Tanzszenen *"Uf dem Anger"*. Aus scharfer Kontrastierung lebt der erste echt bairische Tanz mit seinem Aufspieler (Mittelteil für Flöte und Pauke). Das Gestische bestimmt in diesen Tanzszenen naturgemäß auch das Vokale. Charakteristisch für seine Herrschaft sind Zerbrechen und Wiederholungen des Wortes, das Atemlose ($3/4$ + $2/4$ bei floribus), die reitende Bewegung bei "hinc, hinc, hinc ... equitavit, -tavit, -tavit"; nicht minder bildhaft folgt bei "eia, quis me amabit?" mit dem Hornklang (Symbol der Ferne) eine atmosphärische Stelle. In *"Chramer, gip die varwe mir"* bestimmt die Schelle die Grundfarbe; in Nr. 9 ("Reie" – Schreittanz) tönen sie Baß und Tuba. Das Gestische zeigt wiederum gut: "Chume, chum, geselle min" und der anschließende turbulente Tanz.

Der bäurischen Frühlingsfeier folgt das Bild *"In Taberna"*. Hier herrscht ganz das Theater, und Orffs Instrumentation erhebt ihre ganz originale Stimme. *"Estuans interius"* (Nr. 11) trägt italianisierender pathetischer Opernton (Verdi). Der jagende Rhythmus reißt die Singstimme mit, die, pointiert an den opernmäßig freien Espressivostellen, dann wieder in den wilden dynamischen Fluß hinabgleitet. *"Das Lied des gebratenen Schwans"* (Nr. 12) erzielt seine musikalische Groteskwirkung durch den Falsett-Tenor, sekundiert durch die Instrumentation des Fagotts in hoher Lage, kleine Flöte, Es-Klar. und Tromp., Pos. mit Flatterzunge. In Nr. 13, *"Ego sum abbas"*, ist alles ausgedrückt durch die Bemerkung: "libero e improvisando, gesticolando e beffardo assai". In diesem "besoffenen Psalmodieren" bestimmt wiederum die Gestik das Bildhafte, den Gesang – den Sinn! Scharfen Kontrast setzen die Orchestersäulen und Waffna-Rufe. *"In Taberna"* (Nr. 14) gibt nun die Apotheose der Maßlosigkeit, nachdem die drei Typen: der Draufgänger, der Ironiker und der Parodist – in typisch Orffscher psychologischer Brechung – zu Worte gekommen sind. Hier tritt Strawinsky, "gesehen durch die Brille Orffs", in Verbindung mit italienischer Opernparodie zu neuer, eben Orffscher Ausdruckseinheit zusammen. Dieser italianisierende Stil leitet dann zu den großen Parlando-Ensembles und Chorstellen des "Mondes" und der "Klugen" hinüber. In der rhythmisch getriebenen Musik der "Taberna" findet das Hastend-Überstürzte und Orgiastische eine selten plastische Formulierung.

Ganz anders geartet als die naturgemäß den Männerstimmen vorbehaltene Schenkenszene ist der dritte Teil. Er bringt eine raffinierte Welt zum Erklingen, und seine Überschrift ist nicht ohne Grund französisch: *"Cour d'Amours"*.

*"Amor volat undique"* (Nr. 15) gibt sich im ersten Teil morgendlich frisch und rein gegenüber dem folgenden sinnlich-koketten Mittelstück. Die Zusatzbemerkungen sind wie im folgenden auch hier der psychologische Schlüssel der Interpretation und enthüllen die ganze Preziosität des Liebesspiels, die in fein-

86

sten Nuancen gestisch-musikalischer Flexion versinnbildlicht ist. Hier heißt es z.B.: "con estrema civetteria fingendo innocenza". Die Wiederaufnahme des kindlich reinen Teils am Schluß erhöht nur Reiz und Spannung. Nr.16, *("Dies, nox et omnia"),* ist von feinster psychologischer Zeichnung, voll der Persiflage und des Raffinements – aber auch der Wahrheit. Beispiel 4 zeigte uns, wie Orff dies alles durch das reine Melos zum Ausdruck bringt. Lichternd im Psychologischen nicht minder *"Stetit puella"* (Nr. 17). Farbe geben hier das hohe Cello und Kontrabaß (flag.), zu denen tiefe Streicher und Flöten treten. Wieder formt sich ein unpersönlich-gläserner Klang aus, ähnlich dem von Nr. 4. Scharfer Kontrast (Gegensatz von Chanson und Refrain) und strawinskyhafte Figuren prägen Nr. 18, *"Circa mea pectora".* Am meisten nähert sich jedoch der Strawinskyschen Klangwelt Nr. 20, *"Veni, veni venias",* mit seinem herrschenden Schlagzeug-Klavier-Grunde, auf dem sich der coro quasi a cappella bewegt. *"Si puer cum puellula"* (Nr. 19) ist ein Allegro buffo im Mixtursatze, dessen erotische Prägung Orff dann als Leitsymbol dem "Sommernachtstraum" voranstellte.

Eines der raffiniertesten Stücke der "Cour d'Amours" ist *"In Trutina"* (Nr. 21), voll der subtilsten Kontraste und der Ironie, musikalisch wieder italianisierend. Der Sopran – nicht pastos zu geben – singt in der Altlage. Immer wieder ist es bei Orff die Maske, die sich im Lächeln lüftet. Die Maskierung der Stimmlage im Dienste der Ironie finden wir bei ihm häufig. Auch im Instrumentalen; siehe etwa das hochgetrieben Baßinstrument Zettels in der Szene mit Titania!

In dem Tanzlied *"Tempus est jucundum"* (Nr. 22) regiert erneut die Geste mit allen Konsequenzen der Wortbrechung (pro-pro-... missio). Pauke und Klavier dominieren als Grundton; feinsinnig das verkürzte Echo $(4/4 - 3/4)$. Diesem Tanztaumel setzt *"Dulcissime"* (Nr. 23) schärfsten Kontrast mit seiner zart ausschwingenden Melismenkette des Solosoprans auf originellem Klanggrunde (tiefliegender Celesta, von Glockenspiel und hochliegender Violinen im Flag.).

Nun ruft der Chor *("Blanziflor et Helena",* Nr. 24) in dionysischem Aufschwunge und unter Glockenklängen die Venus generosa an. Es ist ein knappes, packendes Stück der Jubilationen, das in aller Deutlichkeit bereits die Vision des kommenden ekstatischen "Trionfo di Afrodite" heraufbeschwört. Die Kadenz am Schlusse macht das "cadere" wahrhaft sinnfällig und leitet zur Wiederholung des *"Fortuna-Chores".*

Die "Carmina Burana" gehören nach beispiellosem Siegeszuge zu den meistgespielten Chorwerken des In- und Auslandes und haben sich unter Fritz Reiner und L. Stokowski auch Amerika im Sturm erobert. Ihre Uraufführung 1937 ließ die Diskussion um das neue Theater wieder aufflammen. Eindeutig ist das Werk "Welttheater". Gewiß, erst der folgende "Mond" setzte diese Bezeichnung bewußt als Untertitel.

# DER MOND

*Ein kleines Welttheater*

Geschrieben 1937/38; Uraufführung: München, Nationaltheater, 5. Februar 1939. Musikalische Leitung: Clemens Krauss; Inszenierung: Rudolf Hartmann; Bild: Ludwig Sievert. Neufassung 1946/Revision 1970.

*Orchesterbesetzung:* 3 Flöten (auch Picc.), 3 Oboen (Englischhorn), 3 Klarinetten (Baßklarinette), 2 Fagotte (Kontrafagott), 4 Hörner, 3 Trompeten, 3 Posaunen, 1 Tuba, 5 Pauken, Schlagzeug für 5 Spieler (gr. und kl. Trommel, Rührtrommel, Tamburin, Triangel, Xylophon, Cymbel, verschiedene Becken, Tamtam, Ratsche, Rute, Schlittenschellen, Kastagnette, Uhrglocke, Röhrenglocken, Gläserspiel, Xylophon, Glockenspiel, Metallophon), Harmonium, Ziehharmonika, Celesta, Klavier, Harfe, Zither, Streicher. Auf der Bühne: Orgel, Glocke, 3 Rührtrommeln, große Trommel, verschiedene Becken und Tamtams, Donner- und Windmaschinen, Wächterhorn.

Im Prozeß des allseitigen Ausbaues der durch die "Carmina Burana" erstmalig verwirklichten statischen Theaterform bedeuten "Der Mond" und "Die Kluge" nichtsdestoweniger auch eine gewisse Auseinandersetzung mit der Oper. Beide Male sind es Märchenstoffe, die Orff aufgreift. Er wird sein eigener Dichter. Urbairisches meldet sich schon hier zu Worte – und Shakespeare-Nähe. Gewiß ist die eigene Dichtung des "Mondes" noch nur "ergänzend". Der "Erzähler", Abkömmling der Lukas-Passion, gibt den Text des Grimmschen Märchens, an dessen Kette die einzelnen statischen Bilder aufgereiht sind. Der Text der "Klugen" ist hingegen ganz von Orff selber geschrieben. Interessanterweise trug er sich zuerst mit der Idee, den "Mond" als Marionettentheater zu formen.

Das "kleine Welttheater" des "Mondes" symbolisiert noch Lebensbereiche und stellt nicht, wie dann "Kluge" und "Bernauerin", den Menschen in den Mittelpunkt. Himmel, Erde, Welt der Toten, das sind die Spielbezirke; Petrus, die Menschen, die Toten sind Spieler und Träger von Gesamtsymbolen des Lebens, der Welt. Orff hat die Grimmsche Vorlage des Märchens "Der Mond" ziemlich wörtlich übernommen; nur den Schluß abgeändert. Hier wird in dem Grimmschen Texte die christliche Überlagerung des Stoffes mit dem Aufscheinen der "Himmlischen Heerscharen" deutlich, die ja bei dem Aufruhr in der Unterwelt als Gegenspieler den Teufel bedingen würden. Orff hat die eingedrungenen christlichen Züge eliminiert. Dieser Punkt wird von vielen Regisseuren übersehen und daher aus dem Petrus eine christliche Weihnachtsfigur gemacht; damit wird das Ganze verfälscht. Für Orffs "Welttheater" ist Petrus der große magische Nachtwächter, der getreue Eckart, der – wie schön ist dann das Bild im Dunkel der phantastischen Nacht! – die Welt unter sich sieht wie eine große Spielzeugschachtel, der die unabänderliche Ordnung hält, aber mit dem gütigen Wissen um Menschenwelt und Menschennatur. Er nimmt darum an der Saufszene im Totenreiche teil, das heißt am menschlichen Wesen, gewiß um nach dem unwandelbaren Lebensgesetze die Wiedererwachten dann für immer einzuschläfern. Es symbolisiert sich in dem Spiel eine der Orffschen Grundideen: Nichts kann aus der Welt herausfallen. Die Welt bleibt Welt und der Mensch Mensch, was auch immer geschieht! Alles ist zutiefst jenseits von Gut und Böse. Petrus ist das bäurisch-volkstümlich symbolisierte Weltenprinzip, das — letzte Gerechtigkeit über jeder "Gerechtigkeit" — das ganze Leben in sich enthält und trägt. Die musikalische Auseinandersetzung des Werkes mit der Oper ist, genauer genommen, die Abreaktion opernhafter Elemente in Persiflage. Opernhaft ist gewiß das flüssige Chansonelement, das spritzige Parlando der alten Opera buffa, die Aufsteigerung der großen Chorszenen. Aber alles das trägt Ironie in sich, und ganz offensichtlich bricht die Persiflage dann in der Totenszene durch, wo zu einem "phantastischen Orchester" auf der Bühne direkte Zitate aus Verdi und Puccini, banale Schlagermelodien, weinseliges Wienerlied — teils zur Ziehharmonika! — gesungen werden. Der emphatische Opernstil wird in dieser orgiastischen Sauf- und Lärmszene im wahrsten Sinne des Wortes, ironisierend, zu Tode geritten. Wie viele Mißverständnisse gerade um diese Szene und ihr Wesen — nicht anders wie um die Gestalt des Petrus — ergeben sich da heute immer noch!

Gewiß, was das "Zitieren" überhaupt angeht, so hat Orff eine besondere Freude an ihm. Nach Art früher Maler, die diese Sitte liebten, geheimnißt auch er immer wieder Anspielungen auf eigene oder fremde Werke in seine Partituren hinein, als offene oder geheime Sinnverknüpfungen. In der genannten Szene des "Mondes" scheint so auch "Floret silva" auf.

Bei aller Persiflage und aller Ironie, die den "Mond" durchwaltet, wäre es verfehlt, den tiefen poetisch-romantischen Ton zu überhören. Gewiß, er wird durch die Parodie aufgewogen, und "Orff, der Parodist", ist die geistige Marke des Werkes, eben in dieser untrennbaren Verzahnung der Gegensätze, die wir als einen seiner Hauptwesenszüge unterstrichen haben. Romantisch und im Wagnertone ist das große Lied von der Welt; Petrus geht als Geist durch ihre Weiten, und die Tuba trägt die Himmelsmelodie. Ihre hohe B-Tonart, ihr weiter Meloswurf kontrastieren scharf zu der Musik der Totenszene, ihrem frechen Parlando, den orgiastischen Chören der kernhaften — geradezu bairischen — Rauferei, Lärmerei und Schufterei. Stellt sie Poesie gegen Realismus, so entbehrt sie darum doch auch ihrerseits nicht, wenngleich in feinster Tönung, des ironischen Elementes. Die Himmelsmelodie wie auch etwa das Wiegenlied, mit dem Petrus die Toten einschläfert, tragen tiefe Gefühlsakzente, und die Suggestionskraft ihrer Mittel verleugnet nicht die Abkunft aus dem Impressionismus.

So formt sich dieser Orffsche Weltenklang des "Mondes" aus Phantastik und Realismus, aus Parodie und Romantikertum, aus schärfsten Kontrasten also zur lichternden originellen Einheit. Der Schluß des Werkes zeigt diese Überlagerung der Kräfte, der poetischen und ironisierenden, in einzigartiger Weise: Petrus hat nach Einschläferung der Toten den Mond am Himmel befestigt. Die Musik spielt traumhaft leise. Unter Volksliedklang kommt ein kleines Kind im Nachthemd aus einem Hause und ruft: "Ach, da hängt ja der Mond!" Diese lyrische zarte Szene blickt in romantischer Gefühlsseligkeit wie in ihrer Schlichtheit auf den "Freischütz". Von Zither und Geigensolo vorgetragen, bekommt diese Stelle nichtsdestoweniger wiederum ihren mutwillig parodistischen Einschlag. Romantik und Songstil vermählen sich, Urbairisches und Ironie. Die "ironische Naivität" Orffs schafft sich typischen Ausdruck.

Eine Kindermelodie, vom Gläserspiel vorgetragen, beschließt das Finale, Symbol für die Welt als große Spielzeugschachtel.

Hingewiesen sei noch auf die über das Werk verstreut eingeschobenen *Sprechteile.* Sie werden dramatisch-instrumentationshaft benutzt (die Bauern-Wirt-Szene; vor allem aber in der Totenszene, beginnend mit: "Was ist das?"; dann, breit gelagert, mit der Szene der Kartenspieler, Würfler, Säufer, Kegler und schließlich im Mittelteil des Petrus-Monologs). Diese Vermengung ist gewichtige Andeutung des Sprechtheater-Musiktheater-Problems, das der "Sommernachtstraum" etwa zur gleichen Zeit in aller Schärfe aufwarf. Es erhebt sich nun zu einem Kernproblem des Orffschen Schaffens und zeitigt in der "Klugen" bereits bedeutsame Niederschläge. Und das "Mond"-Orchester ist auch Orffs letztes romantisches Orchester.

Ein endgültiger Aufführungsstil des Werkes hat sich in der Praxis noch nicht festgelegt.

# DIE KLUGE

*Die Geschichte von dem König und der klugen Frau*

Geschrieben 1941/42; Uraufführung: Städtische Bühnen Frankfurt a.M., 20. Februar 1943. Musikalische Leitung: O. Winkler, Inszenierung: G. Rennert, Bild: H. Jürgens.

*Orchesterbesetzung:* 3 große (auch kleine) Flöten, 3 Oboen (Englischhorn), 3 Klarinetten (Baßklarinette), 2 Fagotte, 1 Kontrafagott, 4 Hörner, 3 Trompeten, 3 Posaunen, 1 Tuba, Pauken, Schlagwerk für 4 Spieler (große Trommel, 2 kleine Trommeln, Rührtrommel, Tamburin, Triangel, Steinspiel, Sandrasseln, Cymbel, verschiedene Becken, Tamtam, Ratsche, Schelle, Kastagnette, Röhrenglocken, Xylophon, Glockenspiel), Harfe, Celesta, Klavier, Streicher. Auf der Bühne: Verschiedene Trommeln, 1 kleines, hell klingendes Trömmelchen, kleine Glöckchen, 3 Trompeten, Orgel.

Was sich im "Mond" pathetisch-ironisch gab, das nimmt nun in der "Klugen" das Bild einer Florettfechtkunst der Pointen und Doppeldeutigkeiten, des Paradoxen im Zeichen virtuoser Treffsicherheit an. Das metaphysische Welttheater grenzt sich auf den psychologischen Raum des Menschen ein. Dieser ist um so irrationaler und paradoxer, als die Hauptperson eine Frau, eben "die Kluge", ist. Schlank und geschliffen ist der literarische Stil — man möchte von lateinischer Nähe sprechen — mit seinen aus altem Volksgute eingeformten Sentenzen, Sprüchen und Rätseln, seinen Wortspielen. Wenn die Kluge am Ende spricht: "Klug sein *und* lieben kann kein Mensch auf dieser Welt" —, es aber doch vollbringt, so ist mit dieser grundlegenden Sentenz über die geistige Sphäre des Werkes alles gesagt.

Locker und leicht entlädt sich in der "Klugen" das Feuerwerk des psychologischen Spiels, der lichternden Vieldeutigkeiten, ungebunden, unakademisch, geistverwandt der Commedia dell'arte, der Opera buffa. Gerade aber die Orffsche Stilisierungskunst läßt das Elementare dieser Burleske zur vollen Wirkung kommen, deren Untertitel bezeichnenderweise jede Bindung an eine Form des Gesellschaftstheaters ausschließt und schlicht und einfach lautet: "Die Geschichte von dem König und der klugen Frau".

Der Untertitel ist bei Orff also nie eine Gattungsbezeichnung, sondern deutet sensibel den Charakter eines jeden Werkes an. So in den "Carmina Burana": "Cantiones profanae... atque imaginibus magicis", im "Mond": "ein kleines Welttheater". Hier in der "Klugen" heißt es "Geschichte" –; bestimmt will das nicht besagen: "Märchen"! Mit dem Stilbegriff "Geschichte" öffnet sich der ganz eigene, entsprechende Hintergrund des Werkes. Und wer denkt hier nicht an die "Geschichte der Geschichten" und an alle die "klugen Frauen" aus Tausendundeiner Nacht? – Und so charakterisieren die Untertitel auch weiterhin in Orffs Werkfolge feinsinnig das Wesen der Formungen: "Die Bernauerin" – "ein bairisches Stück", "Astutuli" – "eine bairische Komödie", "Catulli Carmina" – "ludi scaenici", "Trionfo di Afrodite" – "concerto scenico", "De Temporum fine Comoedia" – "Vigilia".

Gleichnis und Spiegelung der bunten Reflexwelt bedienen sich der zweigeteilten Stilbühne: der Hauptbühne für das Spiel der "Klugen", der Vorderbühne für das kontrapunktierende und die Haupthandlung in Bewegung setzende Spiel der Strolche – ganz entsprechend der doppelten Wahrheit und Moral, die gegeneinander ausgespielt werden. Aber der letzte Schauplatz des Spiels bleibt der rätselhafte, alles zur Einheit erlösende seelische Raum der Frau.

Irrig ist die Annahme, Orff habe das Buch nach Grimm geformt. Das Thema der "Klugen" ist Weltmärchenstoff, der – uralt – weit und breit im Orient wie im ganzen Abendlande, nicht minder in Afrika, beheimatet ist. Den Ursprung kann man in Indien suchen, deutliche Spuren führen auch zurück bis zur isländischen Sage. Orff hat die verschiedenen Fassungen aus aller Welt zu Rate gezogen und eine Synthese des gesamten Ideengutes vollzogen. Gerade bei Grimm ist die Einformung der "Klugen Bauerntochter" doch recht bürgerlich eng. Hingegen hat das im Kabylenbereiche verbreitete Märchen "Die Kluge" den Streitfall um Eselin und Maulesel sowie den Schluß des Aus-dem-Hause-Weisens der Klugen durch den König viel klarer vorgeformt. Orff bildete den Stoff mit mancherlei Zutaten in eigener dichterischer Sprache. Wie die Sprüche, so sind auch die Rätsel altem Volksgute entnommen.

Die Musik der "Klugen" ist von einfachster Struktur. Kategorisch wird hier alles auf Wesentliches zurückgeschraubt, alles gezügelt. Man merkt die "Catulli-Carmina"-Nähe. Die Eintonmelodie tritt klar hervor, auch die Wiederholung der kleinen Melospartikeln (vielfach als Wortwiederholungen zugleich den gestischen Grund bezeugend). Gleich die Klage des Bauern am Beginn ist ein charakteristisches Beispiel:

Beispiel 10   Aus "Die Kluge": 1. Szene (Bauer)

Das Orchester wird zur reinen Begleitung, wie es der "Mond" schon angedeutet hatte. Stark ist allgemein die gestische Prägung der Musik. Rondohafte Schachtelungen der Formbausteine beherrschen das architektonische Feld im Sinne der bekannten Wiederholungstechnik Orffs.

Die res facta des musikalischen Ausdrucks ist schlagend. "Das Orffsche Symbol ist offen, direkt, geradezu plakatartig bis zum Anreißerischen und so einfach, daß es jeder versteht, den es angeht" (Trantow). Orff arbeitet hier bei geringsten Mitteln mit einer Prägnanz, die wie die Leistung eines psychologischen Meisterschützen wirkt.

Entsprechend dem Texte beherrscht das Innenbild dieser einfachsten Formwelt aber doch ein ausgesprochenes Raffinement. Doflein hat darauf hingewiesen, daß hier ganz neue Kategorien der Musik entstehen, die naturgemäß schon in den "Burana" und dem "Mond" ihre Ansätze haben: Ironie, Entlarvung oder Wehleidigkeit und dazu "die sich überschlagende Becherstimmung". Die Tonsymbole, wie "der König trinkt", öffnen den ganzen Wesenshintergrund dieser gewalttätigen, sinnlichen und launenhaften Gestalt; raffiniert fein ist Prägung wie Zueinander der knappen Charakterisierungen der Rätselszene; suggestiv-aufschließend die Symbolik des Schlummerliedes oder des Tagliedes. Das Beispiel der wehleidigen Klage des Bauern mag für die Fülle dieser charakteristischen Symbolzeichen der Partitur stehen, die – gewiß fern aller Leitmotivik – assoziationsmäßig gelegentlich wieder auftauchen. So etwa die musikalischen Rückbezüge des Schlusses auf die Rätselszene, wo die Frau – nun eben als Frau – nochmals die Rätselszene vorspielt. Die Kluge spricht in Rätseln, sie ist "die rätselhafte Frau".

Die Welt der Strolche lebt hingegen vornehmlich vom Bänkelsängerischen, in dem der italienische Opernton charakteristischerweise erneut parodierend aufscheint. Naturgemäß zeigt auch die Spruchweisheit dieser Gaunerexistenzen, die sich selbst bis zum lateinischen Zitat versteigt, alle Fülle der Ironie und Persiflage Orffschen Zuschnitts (und besonders auch darin, *wie*

sie eingesetzt wird!). Wie geistreich ist dieses ironisierende Ge-
metzel – so möchte man es scherzhaft nennen! Im Bereiche der
Strolchwelt fällt auch die berühmte Wendung, die im Jahre
1943 (!) die mutige Wort-Tat eines echten Humanisten war:
"Fides ist geschlagen tot, Justitia lebt in großer Not, Pietas
liegt auf dem Stroh, Humilitas schreit mordio, Superbia ist aus-
erkorn, Patientia hat den Streit verlorn, Veritas ist gen Himmel
flogn, Treu und Ehr' sind übers Meer gezogen, Betteln geht die
Frömmigkeit, Tyrannis führt das Szepter weit, Invidia ist worden los, Caritas ist nackt und bloß, Tugend ist des Lands vertrie-
ben, Untreu und Bosheit sind verblieben!"
Einige wenige besondere Hinweise mögen noch gegeben sein:
Die *Rätselszene* zeigt gerade, was an Psychologischem durch die
reine – und insonderheit gestisch bestimmte musikalische Res-
facta-Prägung ausgesagt zu werden vermag (Vogel aus Elfenbein,
der Würfel, das hoffnungsvolle Lauern des Königs auf eine falsche Antwort, Unruhe, Zögern, Siegesgewißheit!). Der "sau-
fende König" am Beginn der *dritten Szene,* zu welchem Bilde
das Instrumentalritornell die Bacchusstelle aus Mozarts "Ent-
führung" zitiert, ist schlagendes Beispiel für die Umsetzung
der Geste in musikalische Bewegung, für die Identität beider.
Auch die *fünfte Szene* (Strolche, Mauleselmann, Eselmann)
mit ihrem Chansonton con brio, mit ihrer Volksliedparodie und
auch Resten von Opernparodien (Des Eselmanns Klage) beherrscht das Gestische.
Die *sechste Szene* (Abendstimmung) eröffnet hingegen eine
neue Welt, in wenigen Tönen ostinater Figuren impressiv einge-
fangen. Die Wortwiederholung in des Eselmannes Klage "Mit
Kümmernis bin ich beladen", ausklingend im Melisma auf "la",
ist von ausgesprochen grotesker Wirkung. Die Sprechauftritte
der Strolche gewinnen in der *siebenten Szene* ihren Höhepunkt,
sentenzgespickt bis zu "O Fortuna velut luna!". Es ist die dem
"Mond" entsprechende Saufszene, die musikalisch realistisch
glänzend charakterisiert ist. Hier steht das dann in den "Sommernachtstraum" übernommene Lied "Als die Treue ward gebo-

ren"; und der Mittelteil des Chores ist − Abglanz der "Burana"− die wechselseitig rezitierte, "plärrend" vorzutragende Litanei auf den oben zitierten Text: "Fides ward geschlagen tot." Unübertrefflich ist der Heimweg der total besoffenen Strolche mit musikalischen Gesangsfetzen des Liedes, mit torkelndem Duktus der Melodie und Hahnenschrei gezeichnet.

In der *achten Szene,* in der der König dem auf dem Marktplatze fischenden Eselmann begegnet, kommt es erstmalig in Orffs Werk zu einem ausgedehnten, auf Schlagwerkgrund gesprochenen Dialog. Orff hat ihn als "erregte Szene" so gestaltet. Solche Formungen haben dann im weiteren Schaffen verschiedene psychologische Ursprünge und damit auch technische Wendungen. Das "gestische Theater" gibt hierzu ebenso Anlaß wie zu der Synthese von Sprech- und Musiktheater, auf deren Weg auch "Die Kluge" eine Stufe ist. −

Die Kontrastwelt von des Königs Wut und dem gefaßten Sinn der Frau zieht dann die Aufmerksamkeit auf sich. Das ergreifend einfache *Schlummerlied* der Klugen läßt zum ersten Male die Dur-Moll-Mischklänge auftreten, deren Gestalt in "Antigonae" und andernorts bedeutsamster Ausdrucksträger werden sollte. Ein ausgesprochen Magisch-Beschwörendes wohnt dieser Bildung inne (Beispiel 11).

Beispiel 11    Aus "Die Kluge": 9. Szene (Die Kluge)

Die Orgel charakterisiert hier – wie an anderen Stellen, etwa auch im "Mond" (Petrus) – Schlaf und Tod. Diese und die *Schlußszene* (Nr. 12) gehen wieder sehr ins Magische. Erneut ist es ein musikalisches Nichts, aus dem sie gewoben ist. Das *Taglied* ertönt, während die Kluge im aufsteigenden Morgenlichte den schlafenden König betreut; eine seltsame pentatonische Weise, die den ganzen Ausklang beherrscht. Feinsinnig greift dieses Instrumentalpräludium auf die Szene zurück, wo der König die Bauerntochter erstmalig sah: "Du also Du?", und auch die Mozartsche Bacchusstelle wird erneut zitiert. Das ganze Bild bis zum Erwachen des Königs, ausdrucksvolles, "lebendes Bild", ist wie die Vision der kommenden Liebesszene in der "Bernauerin".

Wenn am Schluß des "Mondes" das Kind auf die Bühne trat, der Mensch eben, der – selbst Natur – zur Natur und dem Weltall aufschaute, so war mit der "Klugen" dieser Mensch groß geworden. Er trat nun in den Mittelpunkt des Werkes. Nicht in seiner Subjektivität gewiß, als Einzelner und Einzelfall, sondern als "der Mensch", der er ist, gestern, heute und durch alle Zeiten!

"Die Kluge", das erste gültige "Theater-Stück" Orffs, ging nach durchschlagendem Erst-Erfolg über alle Bühnen Deutschlands und darf sich rühmen, den größten Welterfolg eines deutschen Bühnenwerkes im Auslande, nach Straussens "Rosenkavalier", errungen zu haben. In viele Sprachen wurde das Werk übersetzt, darunter ins Japanische; auch Negertruppen haben es (1947) gespielt. Und dann hat das Münchner Fernseh-Studio eine durch Gustav Rudolf Sellner genial für diese Aufführungsform zugeschnittene Wiedergabe inszeniert, die in einer intimen und psychologisierenden Spielgestaltung ein ganz neues Werkbild freilegte. Auch auf der Marionettenbühne ist es heimisch geworden, wo das Stück einen ganz eigenen Reiz ausübt (so auf der Münchner Marionettenbühne).

# CATULLI CARMINA

## *Ludi scaenici*

Geschrieben 1942; Uraufführung: Städtische Bühnen Leipzig, 6. November 1943. Musikalische Leitung: P. Schmitz, Inszenierung: T. Gsovsky und A. Niedecken-Gebhard, Bild: M. Elten.

Orchesterbesetzung: 4 Klaviere, 4 Pauken, 2 Solo-Kastagnetten, Schlagwerk für 10 bis 12 Spieler (Xylophon, Tenor-Xylophon, 2 Glockenspiele, Metallophon, Steinspiel, Sandrassel, Holztrommeln, 3 Tamburine, Triangel, große Trommel, Cymbeln, verschiedene Becken, großes Tamtam).

Was an latenter Latinität in der "Klugen" west, das tritt in den "Catulli Carmina" in aller Bestimmtheit mittelmeerischen Geistes und mittelmeerischer Form zutage. Von nun ab bleibt das klassische Ideal leitend im Schaffen Orffs bis zur "Afrodite" hin. Diese Kunst ist nicht mehr Holzschnitt – wie in gewissem Sinn die "Carmina Burana" und dann später die "Bernauerin" –; das ist in Marmor gemeißelt, unter hellster Südsonne, so daß die Konturen schärfste Schlagschatten werfen. Geistig wie musikalisch sind die "Catulli Carmina" ein Werk konziser Prägnanz und federnder Härte, der knappesten Umrißlinien und eines schwingenden, gleichsam schwirrenden Bogenwurfes. Entschiedener ist der Stil als der ihrer Vorgängerin. Erst die "Afrodite" vereinigt wieder alle diese Wesenszüge im gleichen atemberaubenden Tempo und in gleicher Ausdrucksspannung von Ekstatisch-Dramatischem und zartem Lyrismus.

Die "Catulli Carmina" bedeuten im Gesamtwerk den Schritt radikalster Verwesentlichung, die ihre bildhaft-musikalische Erscheinung vorzüglich aus der Identität von Musik und Geste zieht. Unwiderstehlich ist die rhythmische Trieb- und Tragkraft, die sich mit bewußter Beschränkung im melodischen und klanglichen Bereiche verbindet. Höchste Spannungsakkumulierung bedeuten diese Einton-Rezitationsflächen, die sich im Intervall als wahre Kraftentladungen lösen. Der mit klassischen Mitteln erzeugte "Rausch" zeichnet klarste, ja elegante Liniengebilde mit rasendem Griffel auf Marmorfriese. Echt antik, ist dies wahrhaft eine Kunst der "leichten Füße". Und alles, was Nietzsche zum Lobe der mediterranen Musik gesagt hat, trifft auf das Orffsche Werk zu. Erstaunlich bleibt, dass ein deutscher Künstler den dionysischen Rausch mit klassischen Mitteln und in klassischem Geiste — fern allem romantischen Klanggewoge und aller symphonischen Steigerungstechnik — darzustellen vermochte, lucide und doch mit unerhörter Verve! Nicht der Orffsche Humanismus als solcher: das besondere Phänomen Orff vermag allein uns hierfür eine Erklärung zu geben.

Im Rückgriff auf die "Catulli Carmina" des Jahres 1930 wurden die "Ludi scaenici" geschaffen, indem Orff ihrer Auswahl eine Rahmenhandlung hinzufügte, die dem Stücke die allgemeine, menschheitsbezogene Idee gab. Er dichtete sie selbst in lateinischer Sprache. Das Gesamtbild dieses erneut statischen Theaters mit seiner "Bühne auf der Bühne" läßt Anregungen des Plautus- und Terenztheaters, des Madrigals und der Madrigalkomödie der Renaissance erkennen. Bei der Auswahl und Übersetzung der Stücke fand Orff in seinem Freund Dr. E. Stemplinger einen Helfer. Das Hauptspiel, in dem die Darstellung der unglücklichen Liebe Catulls zu Lesbia abrollt, wird auf der "Bühne auf der Bühne" durch Tänzer ausgeführt, während der A-cappella-Chor und die Solostimmen, die hier allein mitwirken, im Orchester aufgestellt sind. Die alten szenischen Anweisungen, die Orff gegeben hat, und der Bühnengrundriß, der dem alten Klavierauszug beigefügt war, sind in der Neuausgabe als nicht mehr verbindlich entfallen.

Die Idee des Spiels behandelt die tiefe und unlösbare Frage: Eros und Sexus. Im Rahmenspiel stellen dem aufbrandenden Chore der Jugend: "Eis aiona tui sum!" die Greise ihren Hohn entgegen. Und um den Jungen zu zeigen, was es mit der "Ewigkeit der Liebe" auf sich habe, führen sie Catulls unglückliches Liebeserlebnis vor. Doch, welche Leidenschaft wäre durch ein Lehrspiel zu zügeln? — Ihr ungebrochener ekstatischer Ruf erhebt sich von neuem.

Das Ganze ist "ein doppeltes Vexierspiel" (Orff) in der fortwährenden Verwechslung von Eros und Sexus. Die entflammte Jugend meint "Eros", die Greise hingegen meinen "Sexus". "Eros" siegt über sie. Daher das Zitat auf dem Titel des Werkes: "Rumoresque senum severiorum omnes unius aestimemus assis" ("Auf das grämliche Gemecker abgelebter Greise geben wir alle zusammen nicht einen roten Heller!").

Und gleicherweise (daher "doppeltes" Vexierspiel) meint Lesbia als Frau immer Sexus, Catull hingegen Eros. Nie wird sich die Welt aus diesem naturbedingten Widerspiel der Mißverständnisse von Altersstufen und Geschlecht lösen. Das Leben löst allein den Gegensatz auf, weil es nicht von "Erkenntnis" lebt, sondern "ist"! – Damit wird wieder der Kern von Orffs geistigem Anliegen berührt.

Orff sprach ganz besonders auf die Fülle der psychologischen Brechungen an, welche aus Catulls "lyrischem Tagebuche" entgegentönt. Catull ist wahrlich der erste "moderne Dichter". R. Bach hat in seinem Nachwort zum Textbuche der "Catulli Carmina" eine ausgezeichnete Schilderung von diesem "lyrischen Tagebuche" gegeben, das sich aus flüchtig hingeworfenen Skizzen fügt, "lodernd von Glut in allen Höhen und Tiefen einer unglücklichen Liebe...: Bitten, Wünsche, Klagen, Vorwürfe, Entzückungen und Lobpreisungen; Monologie, Epigramme, knappe Situationsschilderungen, Berichte an Freunde; alles aus dem Augenblick hervorgesponnen, scheinbar leicht hingeworfen, dennoch durchaus Gestaltung, durchaus Dichtung, von der sichersten Grazie der Form, in der alles, auch das Keckste, Frivolste und Frechste zu sagen erlaubt ist. Und immer wieder bewegt dazwischen der Laut einer so zarten wie glühenden Empfindung, der elementare Klang des Herzens. Nur ein so geborener Dichter wie Catull vermochte derart das Persönlichste ganz unmittelbar auszusprechen und, indem er nur sich selbst zu singen schien, zum ersten großen Lyriker der lateinischen Sprache zu werden. Die wunderbare Genauigkeit des Umrisses, das Trocken-Helle und doch Schwingende der Diktion, die südliche Logik der Empfindung, der

Scharfsinn des Gefühlsausdrucks, das Körnige, Knappe, Männlich-Gefaßte — all das, was in mannigfacher individueller Abwandlung später den Ruhm der römischen Poesie ausmachte, ist bei Catull zum ersten Male offenbar geworden. Über seinen Versen liegt kein Staub, sie sind frisch und lebendig wie je."

Wie entspricht doch das, was Bach hier charakterisierend über Catull schreibt, auch dem Wesen der Orffschen Gestaltung, die ebenso das "Trocken-Helle", die "wunderbare Genauigkeit des Umrisses" offenbart und in echt antiker Vibration und Plastik schwingt wie die Dichtung des Catull!

Gerade zwischen "Catulli Carmina" — ihrem Schlagwerkorchester der Rahmenhandlung — und Strawinsky ("Les Noces") werden immer wieder Parallelen gezogen. Es besteht kein Zweifel, daß Strawinsky der Meister ist, der Orff am nächsten steht. Der Unterschied zwischen beiden Schöpfernaturen und der Anwendung ähnlicher Mittel liegt nichtsdestoweniger auf der Hand. Strawinsky offenbart die strotzende russische Buntheit in Entsprechung zum "Russischen Ballett"; der Reichtum folkloristischer Anwendung ist charakteristisch, sein Orchester der "Noces"— gewiß ein Vorfahre ähnlicher Orffscher Prägungen — und naturgemäß noch mehr das Orchester der "Geschichte vom Soldaten" zeigen individuelle Aufsprengung gegenüber Orffs geschlossenem Registerstil. Geistig aber steht russischer Romantismus gegen marmorkühle Formgeistigkeit des Mittelmeeres; hier in den "Catulli Carmina" wie in "Afrodite", die gleichfalls (und schon aus dem Sujet) dem Vergleiche unterliegt. So könnte man die geschliffene, einfache, eben rein klassisch-lateinische Prägung des Orffschen Stils gegen Strawinsky absetzen — wenn dabei nicht Orffs innere Werkhitze vergessen wird. Die Klassizität Orffs geht tiefer als die Strawinskys in "Pulcinella", "Oedipus Rex" und weiteren Werken der späteren Epoche. Bei Strawinsky ist zweifelsohne klassischer Formalismus bewußt angestrebt; bei Orff ist das Klassische ein Naturanliegen.

Vom ersten, acciaccatura-geschärften Achtungsschlage des Rahmenspiels der "Catulli Carmina" an wölbt die drängende Wucht des Eis-aiona-Chores in seiner Einton-Konzentrierung unter dem Martellato-Stampfen der Klaviere einen gewaltigen Schwungbogen, der sich im "tui sum" entspannt, aber im Weiterdrängen die gesamte Großarchitektur des einleitenden Rahmenteils aus sich heraustreibt. "Antigonae" ist oft nicht fern in den harten Sekundschlägen, die die Akzente des Rhythmus peitschen. Die atemlos drängende Hast rhythmisiert sich in vielfachen Verkürzungen und Ineinanderschiebungen der ansonsten klar überschaubaren Bausteingruppen. Wortbrechungen und Wortwiederholungen zeugen von der gestischen Macht. Die Aufsteigungen zum Hymnus "Tu es Venus" wird gefolgt von dem höhnischen Nachäffen der Greise. Bemerkenswert die abschließende Kadenz ("Sublata lucerna"), in ihrer wuchtigen Prägung jener abschließenden Kadenz im "Tanz der Spröden": "Denkt an uns, schöne Frau'n" nicht unverwandt. Mit dem "Audiamus" der Jugend endet der einleitende Rahmenteil.

Das Innendrama der A-cappella-Sätze ist zu knappster dramatischer Form kondensiert. Im Einleitungsteil des Buches wurden die Sätze genannt, die aus der alten Fassung ins Spiel übergingen. Mit der Herauslösung von Solo-Sopran und Solo-Tenor aus dem Chorkomplex und der Kontrastierung dieser beiden Klangkörper wurde ihre Gestalt dramatisch zugespitzt. Nr. 3 *("Otium Catulle")* ist ein Musterbeispiel der Einformung ins "dramatische Spiel", Nr. 5 (die auditive Vergegenständlichung *Lesbias in der Schenke*) in der Überlagerung von Tanzrhythmus und Catulls Klage eine tiefgründige, psychologische Simultandarstellung. Catull verzweifelt, die Greise applaudieren: placet, placet! In der *Liebesszene* des zweiten Aktes (Nr. 6) webt sich die Musik aus drei Substanzen in feinsinniger Verschlingung: "Jucundum" – "Dormi" und "Di magni facite". Im Schlaflied "Dormi" verfällt Lesbia ins Italienische, Symbol der Orffschen Weltschau: Heute, gestern, morgen, es ist alles eines und das gleiche im Zeichen des Menschen! – Diese Feinheit ist von den Hörern selten bemerkt worden. Der letzte Baustein ist eine jener magisch-katholischen Litaneistellen in Orffs Werk.

Jagende Rhythmen in Sekundklängen charakterisieren Catulls Erwachen und Verzweiflung. Wieder ertönt am Beginn des dritten Aktes (wie des ersten) das markige *"Odi et amo"*. Über den Brief *Catulls an Ipsitilla* und *"Ammiana"* führt der Weg zu dem berühmten *"Miser Catulle"*. Das Stück hat bei der Einarbeitung ins Spiel charakteristische dramatisierende Eingriffe wie Klang-

Beispiel 12    Aus "Catulli Carmina": Miser Catulle

abschleifungen erfahren. Die ostinaten Führungen der Bässe mit ihren Sept-Dezimen-Mixturen erinnern an Orffsche Formungen der Cantus-firmus-Sätze (Beispiel 12). Mit der Abweisung Lesbias durch Catull endet das Hauptspiel *("Nulla potest mulier")*. Eros aber siegt. Unbeeindruckt von den vorgeführten tragischen Szenen des Catull, ertönt wieder der ekstatische ewige Liebesschrei der Jugend: "Eis aiona tui sum!"

# WILLIAM SHAKESPEARE:
## EIN SOMMERNACHTSTRAUM

*Nach der Übersetzung von A.W. Schlegel*
*eingerichtet und mit Musik versehen von Carl Orff*

Letzte gültige Fassung 1952, Uraufführung: Landestheater Darmstadt, 30. Oktober 1952, Musikalische Leitung: K. List, Inszenierung: G.R. Sellner, Bild: Fr. Mertz. Zurückgezogene Fassung von 1939, Uraufführung: Städtische Bühnen Frankfurt am Main, 14. Oktober 1939. Musikalische Leitung: H. Laternser, Inszenierung: Robert George, Bild: Helmut Jürgens.

Orchesterbesetzung: Hauptorchester vor der Bühne (unsichtbar): 3 große (2 kleine) Flöten, 2 Klarinetten (auch Es- und Baß-Klarinette), 2 Fagotte, Kontrafagott, 3 Hörner, Pauken, Schlagwerk (kleine Glas- oder Schalenglocke, Glockenspiel, Röhrenglocken, Tamtam, 3 Triangel, Cymbel, verschiedene Becken, 2 kleine Trommeln, Tamburin, kleine Schelle, Xylophon, kleine Holztrommel, Ratsche, Sandrassel, Waldteufel), Harfe, Celesta, 2 Mandolinen, Streicher. Orchester auf der Bühne: rechts: 3 Trompeten; links: 2 Klarinetten, 2 Trompeten, Posaune, 1 Kontrabaß, kleine Trommel, große Trommel und Becken. Hinter der Bühne: gemischter Chor, Mundharmonika, Handharmonika, Czimbal, Schlagwerk (Xylophon, 3 Triangel, verschiedene Glöckchen und Schellen, Cymbel, Becken, Becken mit großer Trommel, kleine Trommel, große Holzblocktrommel, Rasseln, Rute, Peitschenknall), Donner- und Windmaschine.

Mit dem "Sommernachtstraum" und den folgenden Werken "Die Bernauerin" und "Astutuli" tritt die neue Synthese von Sprech- und Musiktheater in den Mittelpunkt des Orffschen Schaffens, während von den "Catulli Carmina" die Linie der dramatischen Kantaten zu "Trionfo di Afrodite" weiterführt. Nach der Art der Werke sind die Resultate verschieden, immer aber organische Lösungen.

Im "Sommernachtstraum" ist der von Schlegel genial eingedeutschte Text zum Teil feinstens mit Musik durchschossen. Die Musik ist keine "Hinzufügung" zum Wort; sie ist aus dem "Urgrund Musik" des Shakespeare-Werkes organisch gestaltet. "Mendelssohn schrieb eine Musik *zum* Sommernachtstraum, Orff lauscht in Shakespeares tönende Hintergründe. Er schreibt Musik *aus dem Text, aus dem Klang dieser Sprache, aus der Magie* des Zauberspiels. Die Mythen der Natur beginnen zu tönen" (Doflein). Wesentlich ist die *Schlagwerkverselbständigung,* wie sie Milhaud schon früher in anderem Sinne angebahnt hatte. Das Schlagwerk gibt den magischen Klangboden. Während aber in der berühmten Hexenszene der "Bernauerin" in diesen Klangboden hineingesprochen wird, geht "Astutuli" von den Stimmen aus, deren vokale Parte durch den Schlagzeuggrund intensiviert werden. Die Praktiken des Schlagwerkes, Funktion und Sinn sind also von Fall zu Fall verschieden. Im "Sommernachtstraum" ist es in seiner magischen Funktion als Symbol des Dämonischen eingeführt.

Mit der Aufführung der endgültigen Fassung der Orffschen Gestaltung im Jahre 1952 ging ein langes Ringen um den Stoff zu Ende. Schon gleichzeitig mit der Musik zu "Leonce und Lena" hatte Orff auch eine "Sommernachtstraum"-Musik im Stil von Strauss geschrieben. Die Fassung von 1939 überwand noch nicht die Schauspielmusikform; erst die von 1943 zeigt die klare Wende zu einem neuen musikalisch-szenischen Ganzen. Mehrere Druckfassungen (1939, 1943, 1952) liegen vor.

Die neue Orffsche Gestaltung wurde allgemein immer als gegensätzliche Form zur Mendelssohnschen Schöpfung verstanden. Es wäre ein Unding, den Wert dieser herrlichen Feerien-Musik herabzusetzen, und Orff selbst ist der letzte, ihre Schönheiten nicht enthusiastisch anzuerkennen. Nach seiner Natur und seinem Ingenium hat er "andere Möglichkeiten gezeigt, andere Tafeln aufgestellt". Und diese anderen Tafeln sind zugleich die des allgemeinen geistigen Stilumbruches der Gegenwart. Orff hat auch hier wiederum klar und eindeutig formuliert, worum man schon halbbewußt rang. Max Reinhardt, Falckenberg, Hartung, Heinrich George mit seinem Kompositionsauftrage an Ernst Křenek für eine neue Sommernachtstraum-Musik, Mordo und Schenck von Trapp zeigen Bemühungen, die in ähnlicher Richtung liegen.

Um aber die Wende eindeutig zu vollziehen, bedurfte es der Erkenntnis, daß man die Mendelssohnsche Musik *opfern* mußte. Denn *sie* gerade war es, die dem Shakespeareschen Werke die romantische Feerienprägung gab und damit einer Freilegung Shakespeares im Lichte *unserer* Zeit entgegenstand.

Ruppel hat die neue Sicht der Dinge wieder treffend charakterisiert: "Daß Shakespeares 'Sommernachtstraum' kein romantisch verspieltes Elfenmärchen, sondern eine Komödie der tiefen panischen Verzauberung ist, muß eigentlich jedem klar sein, der das Stück – selbst in Schlegels poetisch sänftigender und glättender Übersetzung – einmal genau liest. Darin ist nämlich sehr wenig von holdselig tändelnden und scherzenden Kindern des Feenreiches zu bemerken, die sich allenfalls, in der Gestalt des Puck, mit neckischem Schabernack vergnügen, sondern man findet sich, beinah klopfenden Herzens, in eine alraunische Welt von Elementargeistern und Naturwesen versetzt, die der bleichen Mondgöttin zauberisches Gestirn beherrscht, das Unbändige, ja Orgiastische weckend, den Ruf der Mitternacht und den Schrei des Kauzes, das Heulen des Wolfs und das Gelächter des Kobolds. Die Nachtgenossen dieser Shakespeareschen Elfen sind die Geister der Toten, die aus ihren Gräbern steigen, um 'auf dem Kirchweg hinzugleiten'; und von seiner eigenen Sippe sagt Puck, daß sie 'Hekates Gespann umhüpfen und, gescheucht von Sonnenglanz, Träumen gleich ins Dunkel schlüpfen ...' Wenn Mendelssohns Musik zu Shakespeares Versen erklingt ..., muß die Panik der Idyllik weichen. Ihre zarten, schwirrenden Klänge haben den Wald Oberons aufgelichtet und poliert, so daß seine Abgründe sich schlossen und sanfte Harmonie sich da ausbreitete, wo die elbischen Schauer der Mittsommernacht durchaus Disharmonisches bewirken – Zank und Eifersucht, Liebesverwirrung und erotische Pein, Gesetz- und Gestaltlosigkeit. Wird im panischen Aufruhr dieser Nacht nicht wahrhaft Unterstes nach oben gekehrt? Der Esel Zettel wird der Geliebte der Halbgöttin Titania, die sittsamsten Mädchen jagen ihren Liebhabern wie brünstige Bacchantinnen durch den nächtlichen Wald nach, und die strohköpfigsten Rüpel fühlen sich berufen, eine erhabene und hochtrabende Liebestragödie aufzuführen. Fürwahr, das ist ein Mummenschanz höherer (oder tieferer) Art, der Verhexung sehr nahe, und keinesfalls nur eine scherzhafte Veranstaltung drolliger Schrätchen und trippelnder Elfchen. Das ist schon mehr der erdbebenhafte Jux wirklicher chthonischer Gewalten." Von dieser Seite der ganzen unheimlich-magischen Verzauberung hat Orff Shakespeare erfaßt. Das "Welttheater", das sich in den letzten Werken auf die Untergründe *im* Menschen selbst begrenzte, tritt nun wieder in den Raum der Mächte. Und die Musik handelt selbst mit, indem sie ihren mimisch-gestischen Impuls unmittelbar auf den Darsteller überträgt.

Es herrscht im Werke ein ganz bewußtes Prinzip, welchen Bereichen Musik zugeteilt wird, nämlich dem Eros und dem Übersinnlich-Dämonischen. Wenn von Liebe gesprochen wird, ertönt Musik; und wenn die dämonische Welt in Aktion tritt, dann sind diese Handlungen mit Schlagwerkklang verknüpft. Die Rüpel haben – in geistiger Abgrenzung ihrer Welt gegenüber der des Eros und des Übersinnlichen – ihr eigenes Orchester.

Für den Bühnenstil hat die Sellnersche Gestaltung der Darmstädter Aufführung 1952 wichtige Anregungen gegeben.

Auf die Verwesentlichung der Musiksymbole im "Sommernachtstraum", auf die Wirkungsfülle, die hier ein einziger Ton, die kleinste Figur auszulösen vermag, wurde bereits hingewiesen. Die erste Szene (Hermia-Lysander), die Elfenfiguren hellerer oder eingedunkelterer Prägung sind beispielhaft. In dem Symbol des Waldes mit seinem verwehten Hornklang, der fühllos dem Spiele zuschaut, reine Kulisse und doch hintergründigen Wesens, ist die Natur in die kürzeste und einfachste Formel gebannt (Beispiel Nr. 13).

Das Zitat der "Carmina Burana": "Si puer cum puellula", von drei Trompeten geblasen, eröffnet das Spiel als Symbol dafür, daß sich hier im "Sommernachtstraum" alles um Eros dreht. Der zarten Welt der Liebe (1. Szene) setzt der Aufmarsch der Rüpel ("Als die Treue ward geboren") scharfen Kontrast des

Realistisch-Banalen. Das Selbstzitat, hier aus der "Klugen", ist wiederum Doppelpersiflage: einmal als Zitat selbst, sodann: im "Sommernachtstraum" ist von Treue wahrlich nicht zu sprechen!

Mit dem Eintritt der übersinnlichen Welt dominiert das Schlagwerk. Oberons Auftritt läßt bereits an die "Hexenszene" der "Bernauerin" denken. Orff hat die vielen magischen Stellen, die Mendelssohn unberücksichtigt ließ oder die bei der Aufführung überhaupt gestrichen wurden, gerade unterstrichen; so: "Drum

Beispiel 13    Aus "Ein Sommernachtstraum": Der Wald

sog der Wind" (Titania). Diese Stelle ist zu einem Hauptstück geworden, musikalisch von einer scharfen Eindunkelung des elfischen Symbols getragen. In der Szene "Titania und die Elfen" tritt ein Kinderlied charakterisierend zur allgemeinen Elfensymbolik hinzu. Das "Zwischen Traum und Wachen" symbolisiert bei der Verzauberungshandlung Oberons an Titania erneut die bekannte Dur-Moll-Überlagerung (ebenso bei der Parallelstelle: Droll-Lysander).

Der *Szene: Titania-Zettel (Esel)* hat Orff eine visuelle Konzeption eingefügt, die als "Eselskopf und Kontrabaß" wahrhaft chagallhaft ist. Auf einen Wink Zettels kommt der Kontrabassist des Rüpelorchesters auf die Vorderbühne und ergeht sich nach improvisierender Begleitung von Zettels Lied auf seinem ungefügen Instrumente in Flageolettfigurationen höchster Regionen.

Auch dieses optische Bild "spielt mit" und kommt aus dem "Urgrund Musik". Mit ihm wird zugleich ein psychologisches Symbol sinnfällig gemacht: Wie Zettel verwandelt ist, Titania dank der Verzauberung in falschen Dimensionen sich bewegt, so ist auch das Instrument gleichsam verrückt geworden und tönt dort, wo es nicht mehr es selbst im eigentlichsten Sinne des Wortes ist. Auch das Kinderlied bei Titania-Zettels Abgang drückt das Absinken in eine falsche Dimension — hier in das Kindische — aus.

Während nach Abklingen der Verwirrung die Paare im Walde schlafen, läßt Orff, von einem "Rosenkavalier"-Zitat einbegleitet, vom Trompeter (!) ein *Nocturno* in den Mond blasen. Wieder weiß man bei der psychologischen Überlagerung nicht, wo Ironie anfängt und echter Gefühlsausdruck aufhört. Das Traumhafte wird symbolisiert durch das Echo. Es ist seinem Wesen nach etwas Geisterhaft-Unwirkliches und gibt in dieser Funktion der Bühne erst die rechte Relation, die ganze Raum- und Traumtiefe. Die sichtbare Wirklichkeit erscheint dadurch projiziert auf die irrationalen Hintergründe.

Nach dem Weckrufe des Hörnerklanges bei Morgengrauen stehen die Paare im Walde, an dem die ganze Irrealität haftet (wieder erklingt sein Zeichen, starr und teilnahmslos). Sie und Zettel müssen sich zwischen den beiden Wirklichkeiten erst zurechtfinden. Alles verwirrt sich. Und gerade von der Tageswirklichkeit gilt für sie, wie es im "Rosenkavalier" heißt: "Ist ein Traum, kann nicht wirklich sein." Und Zettel kann schon gar nicht mit "Zettels Traum" fertig werden, der im Zitat seines Schwalbenliedes aufsteigt und sich nun ganz ins Metaphysische wendet. Ein Lauf der Klarinette über zwei Oktaven, ein Trommelschlag – und er läuft "wie von Furcht gepackt" davon.

Am Beginn der *Palastszene,* erneut durch "Si puer cum puellula' eingeleitet, vollzieht sich die endgültige Traumlösung zur Wirklichkeit (Musik des Liebestraumes). Nun hat das Spiel der Rüpel in banalstem Realismus seinen zügellosen Auslauf. Aber: dieser herbste und banalste Realismus ist auch seinerseits ein Tor zu hintergründigen Wirklichkeiten. Das erfährt man an dieser Stelle Orffscher Prägung. Nach dem Mitternachtsschlage ist mit ein paar Takten die magische Welt wieder da. Der "Haussegen" (nicht wie früher das Elfenballett) steht im Mittelpunkte, umrahmt von einem Chor, in dem die Elfen ihre Sprache sprechen. Die Parlandotechnik des "Mondes" und der "Klugen" ist in diesen Wortklang-Spielereien auf die einfachste Formel gebracht. Das ganze Bild steigert sich zur schwirrendzarten Fülle auf dem Klanggrunde von Mandolinen, Cymbeln und Mundharmonika. Letzte Verwesentlichung kennzeichnet auch die Tonsymbolik des "Haussegens" selbst.

Orff hat dann noch eine neu retouchierte Fassung der "Sommernachtstraum"-Partitur geschaffen, die zur Wiedereröffnung des zerbombten Kleinen Hauses des Württembergischen Staatstheaters in Stuttgart bestimmt war (12. März 1964); die sogenannte "Stuttgarter Fassung".

# DIE BERNAUERIN

*Ein bairisches Stück*

Geschrieben: 1944/45; Uraufführung: Württembergisches Staatstheater Stuttgart, 15. Juni 1947. Musikalische Leitung: B. Wetzelsberger; Inszenierung: R. Lehmann; Bild: W. Reinking; in der Titelrolle Orffs Tochter Godela. Widmung: "In memoriam Kurt Huber."

Orchesterbesetzung: (Das Orchester muß unsichtbar, versenkt sein!) 3 große (1 kleine) Flöten, 3 Oboen (Englischhorn), 3 Klarinetten (Baßklarinette), 2 Fagotte, Kontrafagott, 4 Hörner, 3 Trompeten, 3 Posaunen, Pauken (7 Kessel), Schlagwerk (große Trommel, 3 kleine Trommeln, Triangel, Ratsche, Kastagnette, Cymbeln, 3 verschiedene Becken, Tamtam, Xylophon, 2 Glockenspiele, Metallophon, Röhrenglocken), Celesta, Harfe, 2 Klaviere, Streicher.

In der "Bernauerin" wird das neue Orffsche Theaterbild nun im Zusammenspiel von eigener Dichtung und Musik bewältigt. Großflächige Partien des Sprech- und des Musiktheaters treten zueinander ohne die möglichen Zwischenbereiche der Vermischung wie im "Sommernachtstraum". Mit diesem Werke hat Orff seine neue Theaterform in aller Reinheit herauskristallisiert.

Das monologisch-statische "Welttheater" der "Bernauerin" macht die Ähnlichkeit mit der alten Mysterienbühne besonders sinnfällig, reihen sich hier doch die "lebenden Bilder", welche die Hauptpunkte des Dramas beleuchten, wie Stationen eines Kalvarienberges aneinander, vor denen die Prozession, Bild für Bild, haltmacht. Der Vergleich mit Hebbels gleichnamiger psychologisierender Tragödie läßt die ganze Eigenart der Orffschen Prägung erkennen.

Orffs *Text* darf den Rang wirklicher Dichtung beanspruchen. In bildhaft-kerniger Sprache hat er den Stoff geformt. Erstmalig griff er hier für sein Theater die bairische Mundart auf. Nur sie konnte die rechte Wortinstrumentation geben. Gewiß, dieses

Bairisch in seiner Eigengestaltung will nicht historisch sein; aber es fängt treffend das Wesentliche "bayerischen Ausdruckes" ein. "Astutuli" und die späteren Schöpfungen Orffs, die "Comoedia de Christi Resurrectione" und der "Ludus de nato Infante mirificus", sind weitere Werke in diesem volkstümlichen Sprachinstrumentationsbereiche. Dem barocken Schaugepränge der "Bernauerin" entspricht im übrigen der bairische Dialekt in besonderer Weise.

Orff formte aus dem bekannten historischen Stoffe und im Rückgriff auf das alte Lied "Von der schönen Bernauerin" aus dem 17. Jahrhundert eine Ballade der Liebe, zugleich des Widerspiels und endlichen Sieges der dämonischen Kräfte. Doch diesen Triumph des Bösen überhöht auch hier in letzter hintergründiger Beleuchtung die Trionfo-Idee.

Mit dem Untertitel "ein bairisches Stück" ist zugleich ausgedrückt, daß es ein Volksstück ist. "Für hoch und niedrig" möchte man in der alten Formel sagen; keine "Volksoper", um die man sich lange Jahrzehnte aus der einseitigen künstlerischen Sicht einer Gesellschaftsschicht bemühte (oder deren Parallele), sondern einfach ein Werk "für alle". Damit wird zugleich die neue künstlerisch-soziologische Situation der Gegenwart, aber auch Orffs Schaffen als Ausdruck unserer Zeit beleuchtet. Das Werk, das in gewissen Szenen eine Opernannäherung kennt (Liebesszene und Werkfinale), ist grundsätzlich ein Sprechstück für Schauspieler. Die neuen Spielanforderungen des Orffschen Theaters treten hier gerade in aller Unbedingtheit für die beiden Hauptrollen hervor. Ein einziges kleines Liedchen ist der Hauptdarstellerin anvertraut. Musikalischer Symbolträger in der "Liebesszene" ist der melismatische Gesang des Solo-Tenors im Orchester; im Finale der des Solo-Soprans hinter der Bühne. Ansonsten ist aller vokal-musikalische Ausdruck im Bereiche des Chores konzentriert (das Lied des welschen Spielmanns ausgenommen), der als Sprech- und Singchor auf und hinter der Bühne tätig ist.

Die Musik der "Bernauerin" ist von höchster Einfachheit und

Eingängigkeit. Haupt- und Vorderbühne werden in freiem Wechsel verwendet.

Das charakteristisch-statische Gebilde einer *Intrade* und der Ansager leiten beide Teile des Werkes ein. Echt Orffsche Simultandarstellung zeigt im *ersten Bilde* Agnes auf dem Hintergrund des verworfenen Badstubenlebens, sinnbildlich gefaßt im geschliffenen französischen Lied des "welschen Spielmanns" (nach Text Fr. Villons) und deutsch-derb zum Ausdruck gebracht in dem Sang "Ein Haupt von Böhmerland" mit seiner melismatisch-gröhlenden Gestik, die als solche auch den Con-brio-Chor phonetischer Worteinformung "Willt du mir ein Ailein geben?" bestimmt. Im *zweiten Bild* der Hauptbühne umrahmt ein Summchor (auch eine Formung des Zwischenbereichs zwischen Musik und Sprache!), frei nach einer alten Melodie, die Sprechszene der Münchner Bürger in der Schenke. Schweigsam und unbeweglich sitzen sie am langen Tische zu der Musik, die, ein Hymnus auf das Bayerische, zugleich auch das Verhockte der Szene zum Ausdruck bringt. Die große *Liebesszene* zwischen Albrecht und Agnes findet eine opernmäßige Behandlung im italienischen Stil. Die Wiederholung impressionistischer Symbole gibt den musikalischen Grund, und zu dieser bildhaften Szene trägt das Tenorsolo im Orchester wahrhaft "wie ein Fernwerk" die Schwingung der wenigen gesprochenen Worte der Agnes und Albrechts oben auf der Bühne ins Unendliche (Doflein). Der Vision Albrechts folgt der *Glockenchor*, martellatissimo von den Klavieren getragen, dessen responsorialer Teil seine Parallele in "Sirmio" hat. Diese schwingend-ekstatische Liebestraummusik ist zugleich erfüllt von südlichem Schönheitsrausche. Sein jubelnder Klang fällt mit südlichen Visionen zusammen, eint München und Verona und macht München zu einer Stadt unter italienischem Himmel.

Und die Glocken hören nicht auf zu läuten. Wie überhaupt Orffsche ekstatische Tonsymbolik und Glockenklang große Verwandtschaft aufweisen. Glocken leiten auch die den *zweiten Teil eröffnende gesprochene Bürgerszene* vor dem Stadttor ein.

Die ganze Instrumentalballade bleibt im pp voll des geheimnis-
voll-schwermütigen Zaubers eines späten Herbstsonnentages.
Dem das Rad Fortunens zitierenden Monolog der Agnes in ihrer
letzten Szene mit Albrecht *(Schloß Straubing)* folgt die statische *Liebesmusik* mit symbolischem Orgeleinsatz. Agnes Ein-
wurf: "Muaßt morgn wegreitn! Bleib net z'lang aus" ist in einfachster musikalischer Wendung erschütternd gestaltet. Mit
der *Kanzlerszene* und dem vom Herzog Ernst unterschriebenen
Todesurteil der Bernauerin nimmt nun das Verhängnis seinen
dramatischen Lauf. Zu eindrucksvollem Höhepunkte erhebt sich
die folgende *Kirchenszene* mit dem gegen Badhur und Hex' wet-
ternden Mönche. Es ist typisch, daß Orff sie nicht zum dramati-
sierten Opernmonolog ausgebaut, sondern als reines Sprechstück
gestaltet hat. Diese wogende Massenszene ist erst der Beginn des
gewaltigen dramatischen Crescendos, das von hier bis zum Finale
ansteigt. Die pochenden Rhythmen "Nieder mit der Bernauerin" spinnt die Musikeinleitung der *Abendszene der Agnes* vor
der Verhaftung weiter. Auf diesem drohenden Grunde singt und
spricht sie (auf zwei psychologischen Ebenen zugleich) das Liebeslied: "Hab ich Lieb, so hab ich Not, Meid ich Lieb, so bin ich
tot, Nun eh ich Lieb durch Leid wollt lan, Eh will ich Lieb in Leiden han!" und den unruhevollen Text: "Himmelsmuatter, mir
ist heunt so schwaar . . . Nimm die groß Herznot von mir!" —
Der dramatischen Aufhebung der Bernauerin durch die Schergen Herzog Ernsts folgt — sichtbarer Ausbruch des Magischen —
die grandiose *Hexenszene*. Die Hexen — sie werden von Männerstimmen gesprochen — steigen aus dem Boden der Vorbühne
auf. "Halb Shakespearesche Macbeth-Gespenster, halb von den
Schiachen Perchten abstammende Dämonen, deren Geraun alle
Orgiasmen tönender Volksaltertümer unterbauen" (Moser), ver-
künden sie in Teichoskopie den Ertränkungstod der Agnes. Die
Musik dieser rhythmisierten Sprechszene, die eine infernalische
Schlagwerkmusik unterbaut und die mit gleichsam kontrapunk-
tischer Technik wie pfeilerhaften Tutti arbeitet, ist eine einzigartige visuelle wie musikalische Konzeption Orffs. Die Fluch-

und Schimpforgien gehen zurück auf alte originale Litaneien des Bösen, Besprechungen und Verwünschungen. Im Höllengelächter der Hexen versinkt das Bild.

Eingeleitet durch dumpfe Glockenklangmusik, beginnt der lapidare Anstieg des *Finale*, der über Sonnenfinsternisszene und ersten Höhepunkt des Rufes "Bernauerin" mit dem Erscheinen Herzog Albrechts zur großen *Chorballade* führt. In dem Reiterrhythmus formt sich das Gestische wieder überzeugend ein; die Wechselrede von Albrecht und Volk steigert sich zu immer grösserer Wucht. Ein neuer Höhepunkt ist mit dem Racheschwur Albrechts erreicht, dem als eindringlicher musikalischer Kontrast des Volkes "Herr Gott im Himmel, zernicht' uns nicht all!" in aufbrandender Chorwelle gegenübergestellt ist. Die Todesnachricht von Herzog Ernst (übrigens nicht historisch!), durch den Kanzler überbracht (Schlagwerkgrund), wendet die Katastrophe ab.

Die *Apotheose* hat Orff neuerdings umgestaltet. An Stelle der früher wieder erklingenden "Liebesmusik" ertönt nun ein Sopransolo in Vokalise. Damit wird eine Entsprechung zum Abschluß des ersten Teils hergestellt (siehe dort das Tenorsolo), nur daß in der Apotheose in die Schlußakte des Orchesters die psalmodierende Rezitation "Agnes Bernauerin" eingewoben ist. Die alten szenischen Vorschriften dieses abschließenden Bildes sind gefallen. Die Vision Albrechts wird zum rein geistigen Geschehen, wie der Trionfo der Agnes gleicherweise nur mehr in der geistigen Schau erfaßt wird. Orff hat hier alle äußere Symbolik für metaphysische Wirklichkeiten gestrichen und läßt allein das rein geistige Ereignis innerer Schau bestehen und wirken. Wie opernhaft die Musik des Finale ist, so wenig ist es ein Opernschluß. Das Werk mündet vielmehr in die Zonen des Mysteriums. Einen Aufführungsstil, der den Intentionen des Werkes sehr nahe kommt, hat die Freilichtaufführung am Roten Tor in Augsburg (erstmalig Sommer 1960) demonstriert.

# ASTUTULI

*Eine bairische Komödie*

Geschrieben: 1945/46; Uraufführung: Münchner Kammerspiele, 20. Oktober 1953. Musikalische Leitung: K. List; Inszenierung: Hans Schweikart; Bild: H. Jürgens.

Instrumente (8 bis 9 Spieler): 3 Pauken, 1 Xylophon, 1 Paar Handtrommeln (Bongo), 2 kleine Trommeln, 3 Rührtrommeln, 1 Tamburin, 1 große Trommel, 1 große Trommel mit Becken, 1 Becken, 1 Paar Becken, 1 Paar Cymbeln, 3 Holzblocktrommeln, 1 Steinspiel. 4 bis 5 Gläser (Kelchgläser, am Rande mit Finger gerieben, in nebeneinanderliegenden kleinen Sekunden – sehr hoch – gestimmt), Rasseln, Kastagnette, Ratsche, Windmaschine. Auf der Bühne: ein aufgehängtes Becken.

Auch "Astutuli", das Satyrspiel zur "Bernauerin", steht – gleicherweise "Welttheater" – letztlich im metaphysischen Bezugsfelde. Darauf weist der magisch-dämonische Tanz des "offenen Schlusses" des Spiels hin. Wieder ist es eine eigene Dichtung im bairischen Dialekt, herzhaft, derb; und wie die "Bernauerin" ein Stück für Schauspieler. Orff legte keinen Wert auf den Schlagschatten der "Aktualität" dieses Werkes als einer Satire auf Massensuggestion und Illusionismus. So verstrichen acht Jahre zwischen Komposition und Uraufführung.

"O vos, Astutuli" – ruft der Gagler (Gaukler), sich verduftend, aus, nachdem er die Bauern eines Ortes gründlichst gekämmt und geschoren hat. "Astutuli" – das hat der Humanist Orff ausgegraben – kommt von "astutus" (listig, verschlagen) und besagt hier: die Obergescheidten, die "Gehauten" auf gut Bairisch, die im Grunde genommen doch saudumm sind und auf jeden Windbeutel, der auf ihre Eitelkeit spekuliert, hereinfallen. So geschieht es auch in diesem literarisch nobilitierten Stegreifschwank, für dessen weitverbreitete Idee "Das Wundertheater" von Cervantes Orff eine Anregung war. Hier ist die Schauszene mit dem flunkernden Gauner, zugleich die Idee der "Astutuli" vorgebildet. Die Landsterzer sind naturgemäß echte Nachfahren der Gauner der "Klugen"; und so reden sie auch daher, bis hin zum "Applaudite" ihrer Abgangsszene.

Derb ist der Text, derb der Schluß: "Wann i di heunt no hab, frag i nach morgn nix, brauch ka kokanisch Gwand und a ka anders net, lieg i ganz ohne Gwand bei dir im Bett." — Doch der geistig-magische Untergrund zieht zwingend den Blick auf sich: die Welt unter dem Einfluß der dämonischen Kräfte, die in Illusionismus und Massensuggestion gestern, heute, morgen — immer wieder aufbrechen, entflammt durch nicht minder ewiges Gauklertum, das unbedingten Glauben verlangt, den Menschen Kleider wie Seele raubt, um sie dann, selbst nun Gaukler, in übersteigerter Gier und den Illusionen verfallen, in die Abgründe, ins Nichts taumeln zu lassen.

Die *Musik* stellt ein Extrem der Orffschen Formung dar. In diesem Sprachstücke gliedert sich "die Musik der Sprache" allein im eigenen — freien wie rhythmisierten — Sprechraume aus, solistisch wie im chorischen Kontrapunkt. Das Fünfliniensystem der Musik wird nur in dem Summchor des Finale und im Erwartungschor der Zukunftsschau: "D'Zeit laßt si Zeit" erreicht; hier im einfachsten Bilde des Tonika-Dominantwechsels bäurischer Tanzrhythmik.

Das Sprechmelos regiert die Partitur. Und daß der Rhythmus ein entscheidendes Wort zu sagen hat, ist logisch. Denn wiederum ist das Gestische — "aus der Mitte" — bestimmend und gliedert sich in den Erscheinungen des Wortes, des Klanges, in Gefälle und Bewegung aus. Die Abkunft aus der "Hexenszene" ist sinnfällig. Jedoch wurde der grundlegende Unterschied der Funktion des Schlagwerkes in beiden Werken bei der Besprechung des Problems im "Sommernachtstraum" schon dargetan: "Astutuli" geht von den Sprechstimmen aus, und die quasi-vokalen Parte werden durch den Schlagwerkgrund intensiviert. — Formal finden wir wieder den rondohaften Großbau der Szenen, die insgesamt sich zu einem mächtigen Crescendo zusammenfügen.

Naturgemäß ist es auch hier nicht Snobismus oder "Armut", die

Orff in dieser Form gestalten und musizieren läßt. Das Werk verwirklicht in ganz bestimmter Richtung der Sprechtheater-Musiktheater-Synthese Orffscher Prägung den Zug zur Verwesentlichung und bedeutet zugleich Erprobung eines neuen Klangsektors zusammen mit der "Musik der Sprache".

## ANTIGONAE

*Ein Trauerspiel des Sophokles von Friedrich Hölderlin*

Geschrieben 1947/48; Uraufführung: Salzburger Festspiele, Felsenreitschule, 9. August 1949. Musikalische Leitung: F. Fricsay, Inszenierung: O. F. Schuh, Bild: C. Neher; Antigonae: Res Fischer, Kreon: H. Uhde.

Instrumentarium: 6 Klaviere (Flügel), auch mit Schlägeln und Plektron gespielt, 4 Harfen, 9 Streichbässe, 6 Flöten (auch kleine), 6 Oboen ( 3 Englischhörner), 6 Trompeten mit Dämpfer, 7–8 Pauken (darunter eine mit hohem a), Schlagwerk (10–15 Spieler): 1 Steinspiel (Sopran), 2–3 Xylophone, 2 (1) Trogxylophone (Sopran), 6 (4) Trogxylophone (Tenor), 2 (1) Trogxylophone (Baß), 1 kleine Holztrommel, 1 große Holzschlitztrommel (afrikanisch), 2 Glocken, 3 Glockenspiele, 4 Paar Zimbeln, 3 Becken (türkisch), + Paar Becken (türkisch), 1 kleiner Amboß, 3 Triangel, 2 große Trommeln, 6 Tamburine, 6 Paar Kastagnetten, 10 große Buckelgongs (javanisch). Das Orchester soll dem Zuschauer möglichst unsichtbar sein.

Alle Werke Orffs sind geistig letztlich im Aufblick zur griechischen Tragödie geschaffen. Davon zeugt sein bald mehr antikisches, bald mehr mysterienspielhaftes "Welttheater". Mit der neuen Einformung von Sophokles–Hölderlins "Antigonae" (der Plan geht auf das Jahr 1940 zurück, die ersten Entwürfe sind 1943 geschrieben) ergab sich gewiß ein Sonderfall, der nichts anderes im Auge haben konnte, als dieses hieratische Gebilde zu aller Feierlichkeit kultischen Theaters zu erhöhen. Hier lag auch ganz etwas anderes vor, als es Strauss mit der durchkomponierten "Salome" Wildes oder mit Hofmannsthals antikischer "Elektra" verwirklicht hatte. Es ging hier bei dieser Vertonung der "Antigonae" – Wort für Wort – einzig und allein um die Sophokleische Tragödie, um deren Darstellung und die Verlebendigung ihres Geistes. Orff sagte selbst: "Ich sah von allem Anfang an meine Aufgabe darin, nichts zum Werke des Sophokles hinzuzutun, sondern es nur mit heutigen Mitteln zu interpretieren ... Die Antigonae ist kein Repertoirestück für das Operntheater, sie ist ein Festspiel und kultisches Theater. Ich betrachte mein Werk nur als die zeitgebundene Interpretation der sophokleischen Antigonae. Es geht nicht um mein Werk, sondern um Sophokles – und dahinter steht eine Welt!" (zit. Vietta). In der "Antigonae" wird in vollem Maße offenbar, daß und in welchem Umfange Orffs Gestaltungen "geistige Auseinandersetzungen" sind.

Hölderlins sogenannte "Übersetzung" ist eine eigenschöpferische Leistung, die Sophokles' Werk aus tiefstem persönlichem Erlebnis neu gestaltete und dem abendländischen Geistesraum einformte. "Die sphinxhafte Starrheit, die in sich ruhende Statik der griechischen Tragödie hat er mit versengendem Finger berührt und in glühenden Strom – das heißt abendländische Sprache – verwandelt" (Georgiades). Für ihn war zugleich die Sophokleische Tragödie "ein Stück herüberzurettender und neu zu erweckender Götterfülle. Die Dramen des Sophokles sind ihm wiedergefundene, heilige Texte. Als die religiöse Botschaft, die sie ist, ist die Antigonae nicht nur zu übersetzen, sondern in die religiöse Tonart des "Hesperischen' zu transportieren" (K. Reinhardt). Das heißt aber, jenen ungeheuerlichen geistigen und chthonischen Grund zum Erklingen zu bringen im "Barbarischen" und "Orientalischen", in jener im Stammeln endenden Hymnik, im ekstatischen Erlebnis des Unmittelbaren, das zu Prophetie und Gottnähe wird. Geistiges und Magisches bindet Hölderlins dunkle und hymnische Sprache.

Man versteht, welche Verwandtschaft Orff zu Hölderlin, zu seiner Sophoklesformung zog. Und: "Wo das Wort so urgründig wirkt, muß eine unterirdische musikalische Quelle seine Wurzeln nähren" (Keller).

Wesentliche Grundgegebenheit der Hölderlinschen Neudichtung war, daß sie "Entwurf" war; Entwurf in ihrer Wendung der Tragödie ins Abendländisch-Geistige, der, für sich genommen, nichts als Entwurf blieb und feierlich-musikalischer Ergänzung bedurfte, um wahrhaft für unsere Zeit zur Gültigkeit zu gelangen. Diesen Weg hat Orff beschritten und "die Tat vollführt, aus der Hölderlinschen 'Anlage' eine für unser Hier und Jetzt gültige Interpretation zu machen. In ihrer scheinbaren Beschränkung liegt das Schöpferische dieser Tat. Orff hat mit unfehlbarem Instinkte die Hölderlinsche Übertragung gewählt, deren Schwäche, bloße Anlage zu sein, ihre Stärke ausmacht: den Weg zu Sophokles zu weisen; den Weg vom abendländischen Geiste her!" (Georgiades). So gestaltete er das Werk zum Gegenwartstheater, erfüllt von jenen geheimnisvollen, magischen Hintergründen, die Hölderlin ahnungsvoll im Bilde der Sophokleischen "Antigonae" aufgeschlossen hatte.

"Antigonae" umfaßt alle geistigen und technischen Züge des Orffschen Stils in typischem Bilde. Das bedeutet eine erreichte neue Stufe der Auskristallisation der spezifischen und originellen Prinzipien. In den folgenden Werken werden diese charakteristischen Stilmerkmale, Verwesentlichung und Stilisierung mit dem Elementaren vereint, eine immer schärfere Profilierung erfahren; derart, daß in der Rückschau "Antigonae" in gewissen Partien wie dem "Gang zum Steingrab" fast noch mit opernhaften Zügen ausgestattet erscheint. Aber bereits hier ist alles ins Momumentale und Lapidare gewachsen. Basis und Kontur der letzten Werke geben sich geistig wie technisch in aller Reinheit zu erkennen. Die Synthese von Sprech- und Musiktheater erfährt in der psalmodischen Ausdrucksweise gewiß eine neue Lösung; aber auch sie setzt den Typ des neuen Schauspielers im Sänger voraus. Der stilbildende Faktor des Rhythmus, der hier nicht "Triebkraft", sondern "Formkraft" ist (Oster), die direkte Aussage durch das melische Symbol und seine vielfache melismatische Ausgestaltung, die ganze klare Res-facta-Setzung des Ausdrucks in runden, geschlossenen Zeichen, alle vorher im allgemeinen Teil unserer Skizze bereits erörterten typischen Phänomene der Orffschen Musik- und Theatersprache, sie treten hier als Gestalten reinen Geistes in Erscheinung. Es gibt hier nichts Unwesentlich-Sinnliches. Alles ist unmittelbar zum Geiste! Und die gewaltigen Spannungen des Dramas, denen er nicht ausweicht, sondern die er bejaht, sie werden, ohne ihre Glut und Intensität zu verlieren, in die wahrhaft steinernen Räume dieser geistigen Stilisierung gezwungen. Daß die Instrumentation einen ganz besonderen und einzigartigen Charakter annimmt, ergibt sich logisch aus dieser gewaltigen Spannungswelt, die zu Darstellung wie geistiger Einformung gebracht wird. In der "maskenhaften" Symbolwelt tritt der magische Grund des Theaters im besonderen in Erscheinung. Und doch ist es zugleich leibhaftiges Theater, echt Orffscher Grenzsaum, auf dem sich Vordergründiges und Hintergründiges berühren und gegenseitig ausdeuten.

W. Keller hat eine treffliche Einführung in die "Antigonae" veröffentlicht (Schott). So seien hier nur einige der hervorstechendsten Stellen herausgegriffen. Zu ihnen gehören vor allem die großen Kreonszenen, Monologe wie Wechselreden mit Antigonae, Hämon, Tiresias, die Hauptszenen der Antigonae wie auch die Chorstellen. Grell tritt das Steinspiel mit seinen Sekund- und Doppelsekundschlägen erstmalig in der Rede *Ismenes mit Antigonae* in Erscheinung. In quadernhafter Schichtung baut sich der Dialog der Schwestern bis zur getürmten, stampfenden Instrumentaleinleitung des Choraufzuges auf, die das Steinern-Monumentale in aller Sinnfälligkeit herauskehrt. Mit langer melischer Figur setzt der Chor ein: *"O Blik der Sonne"*. Terrassenförmig und mit entsprechender Instrumentationsintensivierung steigert er sich auf; wieder ein Musterbeispiel der Innenarchitektur Orffscher Klanggebäude. Mit einem Glissando (s. später besonders "Afrodite") wird der *Auftritt Kreons* eingeleitet, während der *Wächter* mit einem stechenden Klange und Xylophonnachschlag charakterisiert ist, Symbole, die in ihrer Wiederholung gerade das Bild der Stilisierung verstärken. Die an sich chromalose Eintonrezitation weitet sich ins Ariose oder zu großintervalligen Sprechkurven, zu Melisma oder chromatischer Führung, je nach Erregungsstand und Symbolgeltung.

*"Ungeheuer ist viel"*, mit diesem Chor hebt der zweite Teil an. Seine machtvolle Steigerung beginnt mit bereits des öfteren begegnetem, zwischen Dur und Moll schillerndem Klange, der hier in seiner scharfen Ausprägung Symbol "der tragischen Doppelrolle ist, die der Mensch zu leben verurteilt ist" (Keller). Die folgende *Szene Kreons und des Wächters,* der Antigonae gestellt hat, enthält die an Bach gemahnende tonmalerisch-symbolische Stelle "und weinet auf". Erstmalig ertönt am Beginn der folgenden *Antigonae-Kreon-Szene* zu Antigonaes Bekenntnis zu den "ewigen Gesetzen" das machtvolle rhythmische Symbol ihres Grabganges. Ihre Rede gipfelt sich "fanatico", über den Raum zweier Oktaven gesprochen, auf zu dem Worte: "Zum Hasse nicht, zur Liebe bin ich." Einen neuen Höhepunkt markiert die Stelle: "O, liebster Hämon, wie entehrt er dich!", deren Rezitation im Duodezsprunge ansetzt, um vom hohen a nach dem tiefen c abzufallen. Das Schlußritornell vereinigt alle bestimmenden Tonsymbole des Bildes (eine ähnliche Überlagerung zeigt dann in "Afrodite": "Invocazione dell'Imeneo"). Der Chor *"Glückselige solcher Zeiten"* zeigt tonmalerische Klangsymbole für "Wind" und "Wasser" und verdichtet sich dann zur Mixturführung. Über die Schwelle des markigen instrumentalen Zwischenstücks wird die *Kreon—Hämon-Szene* erreicht. Hämon, die weichste und naivste Gestalt der Tragödie, prägt in steigendem Widerstande gegen seinen Vater sein Melos zu immer intensiveren und intervallisch ausgreifenderen Gebilden. Hämmernde Klaviere in hoher Lage begleiten seinen Abgang. Nach Kreons *Urteilsspruch* über Antigonae (die pochenden Baßfiguren am Ende der Szene erinnern an den Ausgang der Tragödie) erfüllt sich der lyrische Höhepunkt des Dramas mit dem Chor *"Geist der Liebe".* A cappella und ausgeterzt, gibt er im Rahmen der lockeren Strophenform auch einem gewissen Stimmgeflechte der Mixturen Raum; in seiner Gelöstheit unterscheidet sich der

musikalische Satz von allen übrigen Chorstellen des Werkes (Beispiel Nr. 14).

Die Instrumente treten sukzessive, symbolgebunden auf; so ertönt bei den Worten "die göttliche Schönheit" erstmals die Flöte, die sich im Gleichnis des Vogelrufes ergeht. *Antigonae* erscheint unter den pochenden Rhythmen, die auf den tragischen Ausgang hindeuten; d ist der Rezitationston dieser monotonen, doch kultisch-expressiv gewaltigen Stelle ihres Zwiegesprächs mit dem Chor. Im angstvollen Aufschrei "Weh, närrisch machen sie mich!" erhebt sich ihre Rezitation, chromatisiert, zu immer größerer Intensität ("Jo! Jo! mein Bruder!"). Über zwei Oktaven stürzt ihr Ruf "O Grab, o Brautbett!" wieder hinab. Unter dem wuchtenden Rhythmus des sakralen Tanzes, voll der Strahlung des Chthonischen, *schreitet* Antigonae dem Steingrabe entgegen – während "Kreon dann seinem Ende entgegen*schreit*" (Keller).

Beispiel 14   Aus "Antigonae": III. Teil (Chor: Geist der Liebe)

Am Beginn des vierten Teils steht Antigonaes große melismatische *Abschiedsklage*, eines der eindrucksvollsten Gebilde der ganzen Partitur, gefolgt von dem steinern-maskenhaften *Chortanz*, in dem der Chor Antigonae vom "göttlichen Gesetz" singt. Er bildet in seiner metrischen Starrheit den schärfsten Gegensatz zu dem frei ausschwingenden gelösten Chor vom "Geist der Liebe"! Orgiastische Wellenfiguren beschließen jede Strophe dieses Steigerungsbildes von ungeheuerer Intensität. Höchst expressiv ist die *Tiresiasszene* gestaltet; in ihrer Melismatik eines der besten Beispiele rein melodischer Ausdruckskraft. Die instrumentalen Symbole der Szene sind zu scharfen Klangfiguren gemeißelt; gedämpfter Trompetenklang in Kleinsekunden steht am Beginn. Mit der Steigerung der Erregung erscheinen immer stärker verdichtete grelle Klanggebilde, denen sich gesteigerte Melismen im Vokalen hinzugesellen. Die meslismatischen Erscheinungen der "Afrodite", insbesondere des "Brautgemachs", sind – so anders ihre Ausdruckssphäre ist – von hier abzuleiten. Bezeichnenderweise kehren die Tiresias-Melismen formelhaft bei jedem Einsatz des blinden Sehers wieder, sind also formgebend im strophisch-rondohaften Gesamtbau der Szene. Immer schriller werden die Sekundklänge, je mehr Tiresias durch Kreons Widerspruch herausgefordert wird.

Wieder entrollt sich eine wuchtige Steigerung im Gesamtbau, bis Kreon, durch die Weissagungen zerschmettert, allein zurückbleibt. Hilf- und ratlos bricht er nach reiner Sprechrezitation (auch des Chores) erstmalig mit dem Melisma "O mir!" wieder zur Höhe aus: wahrhaft eine Urwirkung des Ausdrucks aus zielsicherer Bespielung der Sprachklangregister!

Der *"Nahmenschöpfer-Chor"*, der sich aus reiner Einton-Rezitation zum ekstatischen Hymnus entfaltet ("Jo! Du! in Feuer wandelnd!"), führt über die *Botenszene* (Eurydice) und ihre feingewebte Symbolik zum ersten Teil des großen *Kreon-Monologes*. Mit Glissando eröffnet, stürmt er ("Intenso appassionato lamento") durch alle Höhen und Tiefen der Verzweiflung, der Zerknirschung. Das musikalische Abbild zeigt chromatische

con intenso appassionato
lamento

Kreon

J - - - - o! _____ un-sinnige Sinne!

Har - te Fehle! Tödtliche! O tödtend u. getödtet sehn wir Blutsfreunde.

Beispiel 15    Aus "Antigonae": V. Teil (Kreon-Monolog)

Schwungfiguren melismatischer Prägung von höchster Expressivität und in äußerster Höhenlage (Beispiel Nr. 15).

Die Nachricht vom Tode Eurydices führt zum zweiten Teil des Verzweiflungsausbruchs. In realistischer Zeichnung sinkt die Klage schließlich ins Wimmern und dann in den Sprechton ab. Nur von Kreons Abgang erhebt sie sich noch einmal zur Höhe: "O komm! – Erscheine meiner Verhängnisse schönstes, den endlichen Tag mir bringend, den letzten . . ."

"Von vorgesetztem Verhängnis hat kein Sterblicher Befreiung!" – die Grundidee des Dramas kündet der Bote. Mit einer letzten Sentenz wendet sich auch der Chor zum Gehen. In den Klavieren tönt zum Abschluß im pp allein noch das Kontra-C.

## TRIONFO DI AFRODITE
### Concerto scenico

Geschrieben 1950/51; Szenische Uraufführung: Mailand, Scala, 14. Februar 1953; Musikalische Leitung: H. v. Karajan; Inszenierung: H. v. Karajan; Bild: Jos. Fennecker. Diese Mailänder Aufführung war zugleich die Uraufführung der "Trionfi" (d.h. der Zusammenfassung der "Carmina Burana", "Catulli Carmina" und des "Trionfo di Afrodite"). Erste Konzertaufführung des

Trionfo di Afrodite: München, 5. März 1953, unter Eugen Jochum. Erste deutsche szenische Aufführung der "Trionfi": Staatstheater Stuttgart, 10. März 1953. Musikalische Leitung: Ferd. Leitner, Inszenierung: Heinz Arnold, Bild: Gerd. Richter.

Orchesterbesetzung: 3 Flöten (auch kleine), 3 Oboen (2 Englischhörner), 3 Klarinetten, 3 Fagotte, 1 Kontrafagott, 6 Hörner, 3 Trompeten, 3 Posaunen, 2 Tuben, 2 Harfen, 3 Gitarren, 3 Klaviere, Streicher. Schlagwerk: 6 Pauken, 3 Glockenspiele, 1 Xylophon, 1 Marimbaphon, 1 Tenor-Xylophon, 4 Holzblocktrommeln, Kastagnette, Triangel, 4 verschiedene Bekken, Tamtam, Röhrenglocken, Tamburin, 2 kleine Trommeln (mit und ohne Schnarrsaite), 2 große Trommeln, Rasseln.

Mit dem "Trionfo di Afrodite" gliederte Orff den beiden szenischen Kantaten "Carmina Burana" und "Catulli Carmina" ein abschließendes Werk an. Gedichte von Catull und Sappho, ergänzt durch einen Chor aus Euripides' "Hippolytos", sind zur Schilderung einer antiken Hochzeitsfeier zusammengefügt. Griechische Texte vereinigen sich also mit lateinischen. Die Textverbindung ist nahtlos und vollkommen, stellen Catull und Sappho doch eine Einheit dar. Der römische Dichter griff bekanntlich auf die Vorbilder der griechischen Lyrik zurück, um ihre Welt in einer Art Klassizismus ins Lateinische einzuformen.

Zu der Behandlungsform der Dichtung in den Ludi scaenici der "Catulli Carmina" ergibt sich ein wesentlicher Unterschied: Dort wurden die Catull-Gedichte *nicht* versmäßig vertont, ihre Rhythmik ist daher von eigener dramatischer Wirkung; hier in der "Afrodite" hingegen schafft die versmäßige Vertonung eine besondere Verschärfung des Stilisierungsbildes.

Der immer wieder herangezogene Vergleich des Werkes mit Strawinskys "Noces" bleibt am Äußeren haften. Hier liegt etwas ganz anderes vor als nur eine Wendung des (angeblichen) Strawinsky-Vorbildes ins Mittelmeerisch-Antike. Die "Afrodite" ist auch nicht nur "eine Betonung der alleinstehenden Bildungshöhe des Autors, die allgemach einer Préciosité nahekommt" (Moser): die "Afrodite" ist unmittelbare, ekstatisch aufleuchtende Vergegenwärtigung eines Mysteriums der heidnisch-antiken Welt.

Es geht um die "Erscheinung der Afrodite". Aus tiefem Sinnzusammenhange hat Orff die beiden "Carmina" und dieses Werk zu einem Triptychon gefügt, genannt *"Trionfi"*, das in einem Abendprogramm als geschlossenes Werk aufzuführen ist. Es geht nicht wie bei jenen Prunk- und Maskenzügen der Renaissance, denen der Begriff des "Trionfo" entlehnt ist, um die Versinnbildlichung einer mythologischen Figur, hier der Venus (Fortuna) — Aphrodite, sondern aus dem Tiefgriffe der Idee: "um die aus neuer elementarer Wahrheit erlebte und begriffene 'göttliche' Welt- und Lebensmacht der Liebe und die szenisch-dramatische Entfaltung ihres Wesens und Wirkens in den verschiedenen Räumen, Zeiten, Stufen" (Schadewaldt). Die "Carmina Burana", die "Catulli Carmina" und schließlich die "Afrodite" symbolisieren in drei großen, gefügten Bildern die Ansicht des "Welttheaters" abendländischer Geistes- und Seelengeschichte, bieten das Bild ihrer Stufen und Räume. Vom Mittelalter bis hinab zur frühgriechischen Zeit spannt sich über den Raum von zweieinhalb Jahrtausenden der Bogen: "Rückwanderung des Weges, den wir selbst gekommen sind, Aufstieg zu unseren eigenen Ursprüngen!" (Schadewaldt). —

Der "Trionfo di Afrodite" bringt den Höhepunkt des Triptychons mit dem unmittelbaren Ereignis der Erscheinung der Göttin selbst. Sie verbindet sich mit der Hochzeit. Denn die Hochzeit ist die "kultisch-kosmische Verklärung des Liebeswesens in einer Ordnung, die dem Leben der Gesellschaft den Bestand verleiht und in dem Mysterium der Vereinigung kosmisch-göttliche Weltenvorgänge spiegelbildartig im Bereich des Seelisch-Menschlichen aufleuchten läßt ... Doch erst der ganze dreifache Stufenbau der Manifestation der Liebe, als elementar-vitales Urgeschehen (Carmina Burana), als schicksalhaft-dämonische Gewalt (Catulli Carmina) und heilig-natürlich-kosmische Ordnungsmacht (Trionfo di Afrodite) muß durchschritten sein, bis zum Schluß auf der Höhe des Ganzen die Epiphanie der Göttin in

"Die Bernauerin". Bayerische Staatsoper München, 1951

"Astutuli". Landestheater Darmstadt, 1955

"Antigonae". Bayerische Staatsoper München, 1951

"Trionfo di Afrodite". Wiener Staatsoper, 1957

eigener Gestalt als Königin der Welt, nach der Vision des griechischen Tragikers Euripides, den Triumph Aphroditens vollenden kann" (Schadewaldt).

In erstaunlicher Weise vollzieht sich und tönt in der geistigen Sphäre des Werkes der Zusammenklang des Apollinischen und des Dionysischen. Orff ist wahrhaft selbst zum Griechen geworden. Und er kennt auch hier nicht minder, in dem uns wohlbekannten Bilde seiner poly-psychologischen Überlagerungen, das Ineinander von heiligem Ernst wie Weihe und – dem "attischen Salz" der Ironie und des Hohnes, deren Register Aristophanes so trefflich bespielte ("Lied vom Bettschatz", "Exercete juventam!"). Die Interpretationsanweisungen (ähnlich denen der "Cour d'Amours") belegen es zur Genüge.

Technisch-geistig zeichnet dieses bedeutsame Werk Orffs das Bild höchster Stilisierung aus, die die elementaren Kräfte gewiß nicht minder an sich bindet; eines der hervorragendsten Merkmale der Partitur ist sodann die durchgeformte Verwirklichung rein melischen Ausdrucks. In der Singstimme ist alle Aussage unmittelbar und direkt konzentriert. (Der Punkt wurde allgemein bereits ausführlich behandelt.) Das Orchester ist nur Stütze und kein tragender Ausdrucksfaktor. Seine Klangsphäre ist aufgelockert; oftmals besteht sie nur aus ausoktavierten Tremoli und erinnert in ihrer Diktion erstaunlich an Debussys "Martyre de St. Sébastien", mit dem das Werk ja auch im Pagan-Sakralen zusammentrifft. Entgegen "Catulli Carmina", "Astutuli" und "Antigonae" erscheint hier wieder das große Orchester mit Streichern, in dem das Schlagwerk naturgemäß einen bedeutsamen Raum einnimmt.

*I. Wechselgesang der Jungfrauen und Jünglinge an den Abendstern, während man auf Braut und Bräutigam wartet (Catull).*
Glissandi, große Melismen, ausgebreitete chorische Rezitation – auch typische Kleinsekunden – prägen das Bild dieses Wechselchores mit Sopran- und Tenorsolo und seiner Steigerung bis zum kühnen, weitgeschwungenen Chormelisma des Schlusses.

*II. Hochzeitszug und Ankunft von Braut und Bräutigam (Sap-*

129

*pho)* ist auf Chorteilung (Baß gegen Oberstimmen) gestellt. In immer kurzatmigerem Drängen erreicht das Stück seinen Höhepunkt "Cheire!" *III. Braut und Bräutigam (Sappho)* ist ganz aus dem griechischen Sprachklange heraus geformt. In höchstem Stilisierungsbilde wird hier die res facta des Melos zum unmittelbaren und alleinigen Ausdrucksträger (Melismen, große Sprünge, Chroma). Die Ähnlichkeit mit der "Tiresias-Partie" ist sinnfällig. Ekstatisch ist dieser Teil, wenngleich er in seiner Verhaltenheit nie über forte hinausgeht; er verebbt im pp. Das abschließende "Eis aei" ist keine antike, eher eine abendländisch-christliche Wendung. *IV. Anrufung des Hymenaios und Preislied auf Hymenaios (Catull):* In gewaltiger Welle brandet der erste Chor empor, auf dem für das Werk bezeichnenden Wechselklange C-dur–D-dur, der – ähnlich dem in Strawinskys "Pétrouchka" verwendeten – überhaupt eine bevorzugte Klangform Orffs darstellt. Was in "Catulli Carmina" angelegt ist, zeigt sich hier in kunstvoller Steigerung entfaltet. Das Preislied baut auf einem eintaktigen Ostinato auf. Auch hier ist alles durch die Deklamation gestaltet und ausgedrückt, wobei rhythmische Verschiebungen wiederum bemerkenswerte Hilfestellung leisten. Die Baßgrundlage tritt als tonartliche Führung eindeutig hervor. *V. Hochzeitliche Spiele und Gesänge vor dem Brautgemach (Catull)* zeigen im ersten Teilstück *(Die Braut wird herausgerufen)* gleichfalls die klare Fortsetzung der "Catulli Carmina". Das Lied greift auf einen Gesang der frühen Catull-Kompositionen zurück. In *Die Braut wird zur Hochzeitskammer geleitet* tritt das rhythmisiert gesprochene Wort in seine Rechte. Dem ekstatischen "Io Hymen" folgt in dieser Form auf Schlagwerkgrund die Verspottung des Lieblingsknaben des Bräutigams. Echt "attisches Salz", wie gesagt. Psychologisch lichtert wieder mancherlei, wie die Anweisungen kundtun: "gesticolando assai, esagerando con teatralità"! Der Chor quittiert mit Gelächter und Hohn die Rede des Chorführers und bricht am Schluß erneut in den ekstatischen Refrain aus. Die Einladung des Chorführers zum Eintritt in *Das Hochzeitsgemach* läßt das Vorbild der "Antigonae"-Dekla-

mation erkennen. Inmitten steht, im Oktav-Quintenfall gesungen, das "Sed abit dies". Dem lyrischen Chor "Eher wird einer
Afrikas Sand und die funkelnden Sterne zählen" folgt am
Schluß das "exercete juventam", von Chorführer und Chor
"provocante" gerufen. *VI. Gesang der Jungvermählten in der
Hochzeitskammer (Sappho).* Ein ekstatischer Zwiegesang erhebt
sich. Alles, was das Paar zueinander sagt, sind griechische Verse
(siehe auch Nr. III). Diese Szene ist mit "Braut und Bräutigam"
eine der Kernstellen der Orffschen rein melischen Ausdrucksgestaltung. Zweifelsohne ihr lyrisch-ekstatischer Höhepunkt (siehe
Beispiel Nr. 5 und 6, S. 49).

Orff machte beim "Liebeshof" der "Burana" darauf aufmerk-
sam, daß man die ganze Aufführungspsychologie den zugefügten
Überschriften und Interpretationsanweisungen entnehmen könne. Im "Hochzeitsgemach" steht bei fast jeder musikalischen
Phrase eine Anmerkung: sempre molto rubato − ardente −
dolce − sospirato con abbandono − quasi un sospiro − più intenso − esultante − affannato assai − sempre più infiammato −
usw. Auf engstem Raume reihen sich die verschiedensten
psychologischen Ausdrucksgestalten aneinander; dichte Form
unmittelbarer, insbesondere auch ekstatischer melischer Aussage!

*VII. Die Erscheinung der Afrodite (Euripides):* Die große Macht
des Eros wird angerufen: ein Schlußchor, der ekstatisch den geheimnisvollen Urgrund des Mysteriums aufschließt und alle seine strömende Fülle herabzieht. In orgiastisch aufbrandendem
und klanglich irrationalem Choraufschrei ("trasportato") endet
das Werk.


## COMOEDIA DE CHRISTI RESURRECTIONE

*Ein Osterspiel*

Geschrieben 1955. Uraufführung: Württembergisches Staatstheater, 21. April 1957. Musikalische Leitung: Heinz Mende.
Inszenierung und Bühnenbild: Wieland Wagner. Der Teufel:

Ernst Ginsberg. Uraufführung im Bayerischen Fernsehen 1956; Regie: Gustav Rudolf Sellner. Musikalische Leitung: Karl List; Bühnenbild: Franz Mertz.

Orchesterbesetzung: 3 Klaviere, 2 Harfen, 4 Bässe, Pauken, Xylophon, Tenorxylophon, Marimbaphon, 2 Glockenspiele, Röhrenglocken, Steinspiel, Triangel, Cymbel, Becken, Tamtam, Große Trommel.

"Auch dieses Spiel ruft wieder eine geschichtlich gewachsene Form herauf: die Form des Osterspiels, wie dieses im frühen Mittelalter im kultischen Bereiche entstand und sich dann bald auch in ein volkstümliches Gewand gekleidet hat." (Schadewaldt). In eben diesen Varianten wurzelt Orffs "Comoedia de Christi Resurrectione". In den bayerischen Raum verlegt und von griechischen und lateinischen Chören umrahmt, soll das Ostergeschehen als zeitlos gültige, mythische Wahrheit erkannt werden. In der Unfaßbarkeit des Todes – vor Spielbeginn beklagen Frauen den Tod des Adonis – wurzelt der allen Religionen zugrunde liegende Glaube an eine geistige Wiedergeburt. Schon allein der Name des altorientalischen Mysteriengottes will darauf hinweisen. Seine in der Antike alljährlich "darstellend" gefeierte Auferstehung bildet eine Parallele zu dem in der Liturgie wurzelnden Osterspiel. Das rational nicht faßbare Mysterium von Tod und Auferstehung verlangt nach szenischer Versinnlichung. Als bildliche Darstellung einer geistigen Wahrheit entspricht das Gleichnis dem szenischen Spiel. Um den allgemeingültigen Gleichniswert des Osterspiels zu betonen, es nur als eine unter den vielen, verschiedenen Zeitepochen entsprechenden, symbolischen Deutungen des Auferstehungs-Mysteriums erkennen zu lassen, bezeichnet Orff es als "Comoedia". Durch die immer wieder beschworenen Bilder der im Frühling stets neu erwachenden Natur wird ebenfalls das allgemeingültige Mythische betont. Das bildliche Symbol der aus dem Schlaf erwachenden Natur will bewußt werden lassen, daß erst im Erkennen, daß der Tod nicht Ende, sondern Übergang zu einer neuen Existenz ist, das Leben sinnvoll wird.

Des is an Aufwachn
rundum im Land,
rundumadum
a fröhliche Urständ,
ein Auferstehn,
ein Auferstehn
aus wintriger Nacht,
von Trübsal und Dunkl
von Schlaf und von Tod.

Soldaten, die das Grab Christi bewachen, berichten von den vorangegangenen Ereignissen. In ihren Gesprächen wird das im alt-
bayerischen Dialekt erzählte Passionsgeschehen in holzschnitt-
artigen Bildern vergegenwärtigt.

Auf Golgatha
habns'n ans Kreuz gschlagn.
Kein Laut hat er net
    von sich gebn.

Z'erst hat der Hauptmann zugschaut,
daß alls in Ordnung geht.
Na hat's 'n graust,
    wie sie's triebn habn.

. . . . . . . . . . . . . . . . . . . . . . . . . . . .

Ganz falb is's wordn,
na hat ma's gsehng,
wie er daghängt is,
daghängt am Kreuz,
'n Kopf auf d'Seitn glahnt—
    —tot—

Durch die Gleichgültigkeit der Soldaten — sie beginnen Karten
zu spielen — wird die Brutalität der geschilderten Kreuzigung
besonders betont.

Wie noch in keinem der vorangegangenen Werke wird hier das Wort zum primären szenischen Gestaltungsmittel. Nur das Mysterium von Tod und Auferstehung bekommt durch die dem Spiel als Prooemium vorangesetzte Klage und den am Schluß über die Auferstehung jubilierenden Chor musikalischen Symbolwert. Dem epischen Bericht der Soldaten entspricht das gesprochene Wort, das in Orffs dichterischer Formgebung zur musikalischen Vergegenwärtigung der geschilderten Ereignisse wird. Das Bairische wie das Griechische und Lateinische sind für Orff Klangmaterial und somit auch Material szenischer Versinnlichung. Eine Textstelle aus der Beschwörung des Teufels möge dafür als Beispiel dienen;

> Vos attestor — vos contestor
> Dii Acherontis,
> Gordon, Ingordin et Ingordan,
> Beelzebub,
> Belimot, Agiron, Asterot,
> Nachtfarn, Bilwizen
> Furiae
> Alle Unholde
> fascinate,
> fascinate, fascinate
> huncce
> tumulum, tumulum, tumulum
> tumulum, tumulum, tumulum,
> Daß Er nit mehr aufstehn kann!
> . . . . . . . . . . . . . . . . . . . . . . . .

Der auf dem Grabstein kauernde Teufel — die Soldaten halten ihn für einen trauernden Verwandten — will die prophezeite Auferstehung Christi verhindern. Er, der den Menschen zum Bösen verführt, diesen in seinem geistigen und somit eigentlichen Sein vernichtet, hat die Macht des Todes.
Sich seines Gewinns sicher, beginnt er mit den Soldaten Karten

zu spielen. Im Triumph über das gewonnene Spiel wird er zum Verlierer. — Christus ist auferstanden —.

Der sich immer listig dünkende Teufel ist selbst eine List Gottes, denn nur durch ihn kann sich die göttliche Macht ganz verwirklichen. So gesehen verliert der Teufel seine zerstörerische Dämonie. Am Ende des Spiels hackt er sich in ohnmächtiger Wut über die Auferstehung Christi mit einem Beil den Schwanz ab und erledigt sich somit selbst seines ihn als Dämon kennzeichnenden Symbols.

Im Sieg über die dämonische Macht des Teufels — er ist gleichzeitig ein Sieg über den Tod — wird die Auferstehung Christi nicht nur zum Gleichnis für die geistige Existenzwerdung des Menschen, sondern sie läßt auch die geistige Ordnung des Lebens wie des Weltgeschehens erkennen.

## LUDUS DE NATO INFANTE MIRIFICUS

### Ein Weihnachtsspiel

Geschrieben 1960. Uraufführung: Württembergisches Staatstheater Stuttgart 11. Dezember 1960. Musikalische Leitung: Heinz Mende; Inszenierung: Paul Hager; Bühnenbild: Leni Bauer-Ecsy.

Orchesterbesetzung: Orchester vor der Bühne (verdeckt); Klavier, 2 Pauken, Tenorxylophon (chromatisch), Baßxylophon, Gläserspiel, Steinspiel, Guiro, Angklung, 3 Holzblocktrommeln, Schlitztrommel, Rasseln, Bambusstäbe, Ratsche, Rute, 4 Becken, Becken auf großer Trommel, 2 Bongo, großes Tomtom, 3 Konga, großes Tamtam, 2 Tamtam, zwei verschieden große Tamtam werden so ineinandergelegt, daß ein Hohlraum entsteht, der mit kleinen Steinen gefüllt ist (siehe Anmerkungen auf S. 139, Mitte); hinter der Bühne: Windmaschine, Donnermaschine, — Orchester und Chor hinter der Bühne (auf Band): 2 Klaviere, 2 Harfen, Celesta, 3 Bässe, Organon, Pauken, große Trommel, Glockenspiel, Metallophon, Xylophon, Marimbaphon (2 Spieler), Xylophon, 3 Triangel, 2 Cymbeln (antik), Becken, Chor der Engel: Sopran- und Altstimmen, Stimmen der schlafenden Blumen: sehr helle Kindersprechstimmen, Stimme der Erdmutter: tiefer Alt.

Wie das Osterspiel hat auch das Weihnachtsspiel seine Wurzeln in den Regionen des mittelalterlichen Mysterienspiels und seiner volkstümlichen Varianten. Wiederum wird die Sprachmusik zum grundsätzlichen Medium der szenischen Verwirklichung. Das Bairische, wie die lateinische und griechische Sprache sind für Orff musikalisches Material.

Wurde schon im Osterspiel die Auferstehung der Natur mit der Auferstehung Christi als Heilsgeschehen zusammengedacht und als kosmisches Ereignis im Kampffelde der göttlichen und dämonischen Weltmächte gesehen, so findet auch im Weihnachtsspiel die Geburt des Kindes inmitten dieses ewigen Weltkampfes statt. Die Weihnachtslegende wird somit zu echtem Welttheater. Im Osterspiel will der Teufel die Auferstehung Christi verhindern, im Weihnachtsspiel ist es die ganze infernalische Hexenwelt, welche die Geburt des Kindes hintertreiben will.

Was "die Obern, die Großn" im Osterspiel vom Menschensohn befürchten, dies nämliche Furchtgefühl bedrängt jetzt die Hexen bei dem Gedanken an die Zeit, da das Kind herangewachsen ist. Die Ahnung von drohender "Un-Macht" treibt sie, den Kampf auch am Ende, als alles verloren ist, noch nicht völlig aufzugeben" (O. Oster). Hier schließt dann das Osterspiel an, das mit der Auferstehung Christi alle Gegensätzlichkeiten aufhebt und somit dem Kampf zwischen den himmlischen und dämonischen Mächten ein Ende setzt.

Wieder erscheinen auch im Weihnachtsspiel die heiligen Gestalten nicht direkt auf der Bühne, ja sie werden nicht einmal beim Namen genannt. Immer wird nur von "dem Kind", "der Frau" und "dem Mann" gesprochen. Allein der Name "Bethlehem" fällt. Der Schein des Heilsgeschehens selbst spiegelt sich im Reflex der Handlung wie in den Erzählungen der einzelnen Personen, vor allem im Wahrtraum der Hirten.

In der ersten Szene finden wir die Hexen in einer Höhle; im Zauberspiegel die "Frau" und den "Mann" auf dem Wege nach Bethlehem erspähend, suchen sie diese mit Sturm- und Wetterzauber zu vernichten. Ihre Beschwörungsszene wird zu einem der grandiosen Höhepunkte. "Laßt's d'Schneewinder treibn, werft's d'Windschaufeln auf! Windrader, Treibwinder, hellischer Blasbalg, Blasbalg vom Teifl! Schickts Gfrier, großmachtinge Gfrier! Hauts Gfriernägl nei, daß allssamt verbeint, verbeint und versteint! – Mendax Sibilla, so zwing' ma den Stern ... so zwing' ma den Zauber, den Spruch und den Stern!" Mit teuflischem Gelächter endet die Szene der sich siegreich dünkenden Hexen. In der folgenden Szene erfahren wir aus der Erzählung von den Hirten, die vor dem Schneesturm in die Höhle flüchten, daß sie das vom Wege abgekommene Paar aus dem Schneeloche gerettet haben. Im Wahrtraum erleben nun zwei von ihnen das Gesche- hen zu Bethlehem, eingeflochten den Zug der Drei Könige und die verdunkelnde Vision der Pietà. Orff entwirft als Dichter hier Bilder, die der Legenda Aurea würdig sind. Zu erwähnen ist auch die wundervoll tiefe, in derber Rede geführte Auseinander- setzung über das Wort "Pax hominibus". Dem Wahrtraum ganz überglänzten Hirten hält ein anderer, ein Skeptiker, entgegen: "Itzt glangts ma, Kreizteifi! Itzt hab i scho gnua von dein dappertn Traam!"

"Vom pax habn's gsunga und vo de hominibus? Daß i net lach!! Wia magst na an solchernen Schmarrn no verzähln? An pax, an pax bei de hominibus? So dappert ko do gar koan Engl net sein, daß er sowas daherredt!"

Die Hirten ziehen aus, das Wunder in Bethlehem selbst zu sehen, bis auf den Skeptiker, der zu den Schafen geht. Es erscheinen nun im letzten Teil auf der tief verschneiten, im Mondenlicht glitzernden Szene Kinder mit Kerzen. Aus der Höhe tönt ferne Musik. Die Stimmen der Engel "Plaudite, canite, sonite ... puer est natus in Betlehem", die Stimmen der Kinder "Eia o res miranda" und die Stimmen der schlafenden Blumen unter dem Schnee, welche vom Lichte des Heils als Menschheitsfrühling geweckt werden: "Primula, primula, primula veris! Crocus, Auricula, auri auriculae, audi, audite, aures erigite, aures auri- culae, hört ihr das Licht?" beherrschen den abschließenden musikalischen Teil. Gerade dieser Text der Blumen zeigt erneut

Orffs eminenten Sprachklangsinn, ein Werkzeug um Tiefen zu erschließen, die jenseits des rationalen Wortsinnes stehen und eben nur im Klangphänomen der Sprache selbst zugänglich sind. Alles strebt der Auferstehung entgegen. Das geistig-kosmische Ereignis wirft seinen Schein auf das gesamte Universum. Doch da ertönt in diese Auferstehungsbeseligung hinein die Stimme der Erdmutter: "οὐκ ἐδτι ὥρα!" ("Noch ist es nicht an der Zeit!"). Abermals erscheinen die Hexen und ereifern sich über ihren Fehlschlag. Erneut eine Kernstelle dichterischer Tiefe, der alten Oberhexe in den Mund gelegt:

"Wart's ab, wart's ab, des Kindl im Stall, des kimmt uns net aus. Laßts es no groß werdn! Mit'm Schnee, mit'm Wind und mit'm Wettergspiel richt' si da nix! Des muß ma anderst, viel anderst anlegn."

"D'Menschn, d'Menscherleit, die müßts verführn, die san leicht anfällig, des warn die von eh. In d'Menschn müßts fahrn, die müßts hinterführn, müßts willfahrig machn; müßts ihna schön tun, Schmeichwörter gebn; und san s'amal handsam, müßts Bosheit einpflanzn, Narrheit und Blindtum! Die Menschenleit, die, die bringn, wanns sein muß, an jedn ans Kreiz!"

Die Hexen verschwinden. Aus der Höhe tönt erneut der Engelsgesang und die Kinder singen ihr "Eia o res miranda – Wir bringen das Licht; wir bringen den Schein, wir suchen den Schlüssel fürs himmlische Tor!" Das "Laudate Dominum" – Abschluß übrigens aller alten Mysterienspiele – beendet, auf die Szene herabklingend, das Werk.

Wenn Oster- und Weihnachtsspiel in der Anlage der Schlußmusiken gleiche Bilder aufweisen, so erstreckt sich im Weihnachtsspiel – gegenüber der nur einleitenden Klage des Osterspiels – die Schlagwerkbegleitung der Hexen-Rezitation in die erste Szene der Handlung hinein, während die zweite, die Hirtenszene, dem unbegleiteten, rein gesprochenen Worte (analog der Szene "Vor dem Grab" des Osterspiels, welche dort die ganze Handlung umfaßt) vorbehalten ist. Musikalisch verbinden sich die Extreme der Hexen- und Dämonenmusik und die nicht wegzudenkende Christnachtmusik, die, durch lateinische Worte verbrämt, an Kultisches erinnert und bezeichnenderweise "Fernmusik" ist. Anschließend erklingen die "Stimmen der Blumenkinder", die das Erwachen der Natur symbolisieren.

Zum ersten Male sind diese beiden verschiedenen und extrem kontrastierenden Klangwelten gegeneinandergesetzt: die erste Szene beherrscht, dem Dämonischen zugeteilt, das reine Schlagwerkorchester, gespielt im Orchesterraum vor der Bühne, während das letzte Bild im Zeichen der aus der Höhe kommenden Engelsmusik auf Band aufgenommen steht. Ihr entgegengesetzt die gleichfalls auf Band aufgenommene Musik der Blumenstimmen und die Stimme der Erdmutter. Die Kinder im Schnee singen realiter. Die Grenzbereiche dieser Weihnachtsspiel-Schlußmusik sind klanglich die Grenzbereiche höchster Kinderstimmen und tiefster Frauenstimme (die Erdmutter).

Das Hexenorchester, sichtbar der "Bernauerin" entwachsen, stellt einen gewaltigen Al-fresco-Block von Schlagwerkmusik dar. Erstmalig verwendet Orff Guiro, Konga, Angklung, mit Steinen gefüllte und ineinandergelegte Tamtam, Instrumente, welche die Klangwelt an Härte und Schärfe intensivieren. Die Hexen rezitieren im Rhythmus zum Schlagwerk, in der Stimmflexion stark differenziert. Unerhörter Brio und aufwühlende Ausdrucksintensität zeichnen diese wild-dämonische Szene aus. Als Beispiel nenne ich den "Wetterzauber"; "Wind und Weh" mit seinen Glissandi-Wellenbewegungen und dem Klang des Guiro. Bei aller Ekstase der Dämonie und allem Furioso besitzt dieses Klangfundament eine ganz eigene Schattierung, die in ihrer Abwandlung geradezu raffiniert genannt werden muß.

Gegen diese infernalisch klirrende Schlagwerkmusik kontrastiert sinnfällig die Himmelsmusik. Hier kommen durchweg zarte Instrumente, bevorzugt in hoher Lage, zur Geltung: Harfen, Celesta, die elektrische Orgel "Organon" (auch im "Oedipus" ein wichtiges Instrument), Glockenspiel, Metallophon, Marimbaphon, Triangel, Cymbeln usw. Es ist ein wahrhaft himmlisches, ornamentales Klingen, das diesen lichten Höhengesang grundiert.

# SPÄTE CHÖRE

1954 eröffnete Orff die dreiteilige Sammlung von a-cappella-
Chorsätzen *Concento di Voci* mit den 1931 geschriebenen und
neu überarbeiteten *Tria Catulli Carmina, Sirmio* (siehe Catulli
Carmina II). Auch zu dieser zweiten Sammlung von lateinischen
Catull-Gedichten für gemischten A-Cappella-Chor wurde Orff
seinerzeit durch das Erlebnis der Heimat des Dichters, des Gardasee und der Halbinsel Sirmio, inspiriert.
*"Sirmio"* umfaßt die Folge dreier Gedichte: 1) "Iam ver egelidos", 2) "Multas per gentes" und 3) "Sirmio". In aufgelocker-
tem Mixtur- und Fauxbourdonsatz ist die Komposition ausge-
formt. Drängende Sprachrezitation löst die musikalische Bewegung aus. Solo-Tutti-Kontraste beherrschen die zweite Komposition wie die dritte, welche in ekstatischem Schwunge der con-
ductusartig geführten Deklamation ihrer drei oberen Stimmen
auf liegenden Baßfundament den Höhepunkt im glückseligkeits-
erfüllten "Ah" des pleno choro findet.
*Das zweite Stück des Concento di Voci,* 1954 hinzukomponiert,
ist die Neufassung eines Chores aus dem V. Bande des Schulwerks: *Laudes creaturarum, quas fecit Beatus Franciscus ad
Laudem et Honorem Dei* (in der Ursprache) für achtstimmigen
gemischten Chor. Uraufführung: Solingen 21. Juli 1957.
Es ist dies der berühmte Sonnengesang des Heiligen Franziskus.
Die ganze Komposition verläuft in einem einzigen ungebroche-
nen Schwungbogen im Mixturstil auf Bordunfundament. Unaus-
löschlich der Eindruck in der Wiedergabe am Klavier durch Orff
selber, der diese Laudes wahrlich in dem geforderten Vortrage
"Estatico, sempre molto rubato" erklingen läßt. Es sind
Schwung wie Wiederholungstechnik des "Eis-aiona-Chores" der
"Catulli Carmina", welche hier ins Ekstatisch-Religiöse über-
setzt sind. In der stets intensiv vorwärtsdrängenden Klangrezitation des führenden dreistimmigen Organumsatzes gibt es kein
Innehalten; ein atemloses Lob Gottes, das musikalisch nur par-

tiell und zur Gewinnung des machtvollen Schlusses auf die Ein-
tonpsalmodie zurücksinkt. Der "molto-estatico"-Schluß des
Werkes: "Laudate e benedicete lu mi Signore e rengratiate e ser-
vite a Lui" endet in zwei markanten Amen-Klangsäulen.

Das dritte Stück der Concento-di-Voci-Sammlung ist: *Sunt
lacrimae rerum, Cantiones seriae,* für sechsstimmigen Männerchor, Tenor-, Bariton- und Baßsolo auf Texte eines Dichters aus
dem 16. Jh. und Ecclesiasticus III. Es wurde 1956 geschrieben
und ist der Stadt Solingen gewidmet. Uraufführung: Solingen,
21. Juli 1957.

Die Anmerkung zur Partitur lautet: "Die sehr wichtige Stimm-
einteilung und -verteilung bleibt dem Chorleiter überlassen. Sie
wird nach den Gegebenheiten jeweils eine andere sein. Das No-
tenbild soll hier lediglich die beabsichtigte Klangwirkung vermitteln." Man erinnert sich, daß Orff starke Anregungen aus der
Renaissancemusik erhielt.

Wie in "Sirmio" folgen die drei Gedichte, zu einer dramatischen
Einheit geformt, attacca aufeinander. Der erste Chor ist eine
Klage um die Vergänglichkeit der Welt: "Omnia deliciarum et
pomparum saeculi brevi finis" ("Lust und Herrlichkeit der Welt
endet bald", in R. Bachs Übersetzung). Der zweite steht auf den
Text: "Omnia tempus habent et suis spatiis transeunt universo
sub coelo" ("Alles hat seine Zeit und läuft seine zugemessne
Bahn unter dem Himmel: die Zeit des Geborenwerdens und des
Sterbens, die Zeit des Pflanzens und die Zeit des Ausreißens des-
sen, was gepflanzt war" usw.) Dieser Chorsatz endet, ganz im
Gegensatz zu einer Interpretation Orlando di Lassos, der mit
"Frieden" (pacis) schließt, mit einem Orffschen "Esaltato", mit
einem Schrei nach dem Frieden. Der dritte Teil greift in einem
Bariton-Solo, erompente e molto pesante, die Schlußzeile des
zweiten Chores fragend auf: "Et tempus pacis?" (vergl. auch das
Schlußgespräch der Hirten vom pax im "Weihnachtsspiel"). Ab-
schließend bringt der dritte Teil Orffs eigene Dichtung: "Eripe
nos, Domine, ex ungulis mordacibus horribilis istius daemoni-
cae... ("Reiße uns, Herr, aus den tödlichen Klauen jener furcht-

baren Teufelin, die da heißt: Schwermut, Traurigkeit, Melancholie – Seid heiter, Freunde, und voll Vertrauen!") – Ein Tenorsolo "Dammi il paradiso" (man denkt an "Dormi ancora" in "Catulli Carmina") beendet das Werk.

Alle drei Teile sind von einfachstem Klangbilde, das wiederum die "Klangrezitation" im Mixtursatze scharf hervortreten läßt und den Solo-Tuttikontrast lebendig nutzt. So werfen sich die Gruppen hoquetusartig die Worte: mors, color, luctus, pavor zu. Trägt der erste Chor die Vortragsbezeichnung "con gran tristezza", so der zweite "sibillino" und der dritte "erompente e molto pesante". Der Solorezitation der Textstelle "von der bösen Teufelin" und der knappen Aufforderung "Seid heiter" folgt dann das chorisch mit dem Tenorsolo breiter ausgeführte "Dammi il paradiso".

1955/56 schuf Orff die Schillerchöre: *Die Sänger der Vorwelt* und *Nänie und Dithyrambe.*

*Die Sänger der Vorwelt,* Elegische Hymne für gemischten Chor und Instrumente. Komponiert 1955 im Auftrag des Deutschen Sänger-Bundes für das XIV. Deutsche Sänger-Bund-Fest 1956 in Stuttgart. Uraufführung in Stuttgart am 3. August 1956 unter Leitung von Heinz Mende durch den Philharmonischen Chor.

Orchesterbesetzung: 2 Klaviere, Kontrabässe, Harfe, Pauken und Schlagzeug.

Das Gedicht "Sagt, wo sind die Vortrefflichen hin, wo find ich die Sänger, die mit dem lebenden Wort horchende Völker entzückt?" ist in eine musikalische Gestaltung eingeformt, welche man als einen "Faltenwurf des Chores" bezeichnen kann. In der vokalen Rezitation des "Allegro pesante" zeigen sich gewisse Parallelen zu dem ekstatischen "Sonnengesang des Heiligen Franziskus". Aber die Aufschwünge, die Melosspannweite sind ausgreifender, die ganze Handschrift wuchtiger, zudem ist der Chor mit vollgriffiger Begleitung der Klaviere unterbaut. Einton-

142

(bzw. ausoktavierte Einton-)Rezitation und fauxbourdonmäßige Chorrezitation herrschen vor. Drängende und gleichsam klirrende Instrumentalrhythmen treiben das Werk zum klanglichen Höhepunkt. Der eigentliche Sinnhöhepunkt der Textinterpretation jedoch ist der pp-Schluß, wo allein das Wort "kaum" herrscht: *"Denn noch von außen erschien, im Leben, die himmlische Gottheit, die der Neuere kaum, kaum noch im Herzen vernimmt."* In diesem einzigen Worte *"kaum"* bleibt der ganze Sinn des Gedichtes hängen. Es ist in seiner Wiederholung die Sonde, mittels derer Orff zur letzten Tiefe der Sinnaufschliessung des Textes vordringt. Wir werden bei den anderen Schillerchören ähnliche Verfahrensweisen finden, welche Eigenart wie Mannigfaltigkeit Orffscher Sprachaufschließung erweisen.

*Nänie und Dithyrambe* für gemischten Chor und Instrumente. Komponiert 1956. Der Philharmonischen Gesellschaft Bremen zugeeignet. Uraufführung: Bremen, Philharmonische Gesellschaft, 4. Dezember 1956 unter Hellmut Schnackenburg

Orchesterbesetzung: 8 große (auch kleine) Flöten, 4 Klaviere (acht Spieler), 2 Harfen, Schlagzeug: Glockenspiel, Xylophon, Tenorxylophone (auch Marimbaphon, möglichst mehrfach besetzen), Kastagnetten, Tamburin, Cymbel, Becken, Tamtam, Große Trommel.

Nänie und Dithyrambe fügen eine Einheit als Stücke von schärfstem Kontrast. Wie im großen, so geht es Orff auch im kleinen, in den Chorwerken, um die Ausschöpfung des Dramatischen, des Visuellen und Gestischen. Auch in diesem Bereiche führt der Weg — wie der der hochdramatischen Bühnenwerke — zu immer unmittelbarerer Ausschöpfung der Sprache und des Sprachsinnes; letztlich des ahnungsvoll erlebten irrationalen Hintergrundes des im Wortsymbol Fixierten, bzw. Angedeuteten, zu immer zugespitzterer Kontrastgebung in einer lapidaren Architektonik, die sich der Klangmittel in nunmehr größter Vereinfachung bedient. Jedoch zeigt jedes der Werke seine ganz bestimmte, aus der jeweiligen Dichtung heraus geborene klangliche Physiognomie. Sprachaufschließung ist grundsätzliches Ausdrucks- und zugleich auch Stilphänomen.

Die Klage der *Nänie* : "Auch das Schöne muß sterben" gebiert sinnfällig alle Musik aus dem Wort-Ton. Sie zeigt am Beginn ein rhythmisch ausgeformtes Eintonrezitativ, das, ganz textentsprossen, Rezitativ wie Gesang in einem ist. In diesem einfachen Beispiel erweisen sich Sprache und Musik als völlig identisch. Die Schillersche Textstelle wird durch Orff in folgender Weise rezitiert (siehe nebenstehendes Beispiel 16):

Das ganze Stück ist auf diesem Wortzitat aufgebaut und sein Rhythmus, der keineswegs ein Ostinato ist, wie man vielfach meint, geht durch die ganze Komposition, selbst wichtigster Bestandteil der Aufschließung des Wortsinnes.

Aus dem "lugubre" des Beginns und seiner Unisonorezitation des gemischten Chores erhebt sich das Werk im Mittelteil dann zu erregter Steigerung, die den ganzen instrumentalen Klangkörper heranzieht (Höhepunkt: das große Chor-Melisma "Siehe, da weinen die Götter"), um am Schluß auf die primäre Ausdruckszelle des Beginns zurückzusinken, welche auch hier den Gesamtsinn des Schillerschen Textes musikalisch erschließt.

Die *Dithyrambe* ist das ekstatische Gegenstück zur Nänie. Wuchtige Klavierklänge auf Schlagwerkgrund leiten die durch punktierten Rhythmus angetriebene Skandierung des Textes im Unisono des Chores ein. Das Werk ist strophisch angelegt. In ungebrochener Wurflinie, zugleich durch wachsende instrumentale Begleitung gesteigert, reihen sich die Wiederholungsblöcke aneinander, um in einen Schlußteil zu münden, wo Orff die Ekstase über den rationalen Wortsinn des Schillerschen Gedichtes hinaus in die Sphäre irrationaler, reiner Lautklänge emporsteigert. Dem Schillerschen Texte nicht zugehörige griechische Silbenfolgen, "molto estatico" gebracht: "ευαν ευαν ευαι ευαι" ("Euan, euan, euai, euai"), beherrschen diese irrationale Lautsphäre. Das Musikalische der Komposition zeigt sich über den Text hinaus völlig auf diesen ekstatischen Ausbruch verlagert.

Beispiel 16   Nänie (Schiller): die ersten 9 Takte

Nachdem die *Cantus-firmus-Sätze* bereits 1954 neu herausgegeben worden waren, wurden auch die *Werfel-Kantaten* und die *Brechtschen Chorsätze* 1968 "in meist unveränderter Neuauflage" vorgelegt. Orff vermerkt im neuen Vorwort: "Ich entspreche damit einer Anregung heutiger Jugend, die glaubt, daß ihr diese Sätze noch etwas bedeuten können." "Möge sie in dieser Annahme recht behalten."

Die *Rota,* eine vokal-instrumentale Einformung des bekannten frühmittelalterlichen "Sommerkanons", schuf Orff für die Eröffnung der Olympiade (München 1972), wo sie am 26. August bei der Eröffnungsfeier von über dreitausend Münchner Schulkindern als "Gruß der Jugend" zum Vortrag gelangte.

Besetzung: Chor (Sopran- auch Knabenstimmen-), Tenor, Bariton; Orchester: 4 Trompeten (oder Sopranblockflöten), Triangel, Becken (Cymbeln), Schellentrommel, Große Trommel, 4 Pauken, Sopranglockenspiel, Sopranxylophon, Altxylophon (oder Marimbaphon), 2 Gitarren, 2 Posaunen (oder Gamben oder Bratschen), Violoncello, Kontrabaß, Fagott ad lib.


## OEDIPUS DER TYRANN

*Ein Trauerspiel des Sophokles von Friedrich Hölderlin*

Geschrieben 1957/58. Gewidmet der Philosophischen Fakultät der Universität Tübingen aus Anlaß der Verleihung des Ehrendoktorats zu Orffs 60. Geburtstag. Uraufführung: Württembergisches Staatstheater Stuttgart, 11. Dezember 1959 im Rahmen einer Orff-Woche. Musikalische Leitung: Ferdinand Leitner; Inszenierung: Günther Rennert; Bild: Caspar Neher.

Instrumentarium: 6 Klaviere (Flügel), – 1 bis 4 auch mit zwei Spielern –, 4 Harfen, Mandoline, Celesta, Glasharfe, 9 Streichbässe, 6 große Flöten (auch kleine und 2 Altflöten), 6 Oboen, 6 Posaunen, Organon, 5-6 Pauken. Schlagwerk (12-18 Spieler): Steinspiel, 2 Xylophone, Marimbaphon, 5-6 Tenorxylophone, 2 Baßxylophone, 5 Holztrommeln in verschiedener Größe, großes Klappholz, 2 Bongos, 2 Timbales, großes Tomtom, 3 Kongas, 2 große Trommeln, 3 Tamburine, Kastagnetten, Triangel, Sistren, 3 Paar Bekken, 3 Becken, Cymbeln, Röhrenglocken, 3 Glockenspiele (3. mit Tasten), Metallophon, 3–5 Tamtams verschiedener Größe, 2 javanische Gongs. Hinter der Szene: 8 Trompeten, mehrere große Tamtam mit Becken geschlagen.

Das Stuttgarter Haus war seit der Uraufführung der "Bernauerin" im Jahre 1947 zur hervorragenden Pflegestätte der Orffschen Kunst geworden. Generalintendant Dr. W. E. Schäfer schrieb in einem Aufsatz des Programmheftes zur Uraufführung des "Weihnachtsspiels" (1960): "Man darf ohne Übertreibung von einer künstlerischen Heimat sprechen, die der Bayer Orff in unserer Stadt gefunden hat." Nach der "Bernauerin" kamen an der Stuttgarter Oper 1953 die "Trionfi" zur ersten deutschen Aufführung, 1957 das Osterspiel, 1960 das Weihnachtsspiel und in der Spielzeit 1963/64 zur Neueröffnung des Kleinen Hauses die endgültige Fassung der Sommernachtstraummusik. Die Orffwoche (11. bis 16. Dezember 1959) in deren Rahmen auch der der Philosophischen Fakultät der Württembergischen Landes-Universität Tübingen zum Dank für das zum 60. Geburtstage verliehene Ehrendoktorat gewidmete "Oedipus der Tyrann" zur Uraufführung kam, bot zum erstenmal eine Zusammenschau von Orffs bedeutendsten Werken. Es wurden gegeben: die "Antigonae" in der Wieland-Wagnerschen Inszenierung, "Der Mond" in der Inszenierung von G. Rennert mit dem Bühnenbild von Leni Bauer-Ecsy, die "Trionfi" schließlich in der Inszenierung von P. Hager und der Gesamtausstattung von J. P. Ponnelle. Hinzu trat eine Aufführung der Schillerchöre unter H. Mende in einer Matinee, in der Orff selbst "Astutuli" las.

In dieser Gesamtschau des Orffschen Werkes konnte der "Oedipus" sein besonderes Profil zeigen. Kurz nach der Stuttgarter Uraufführung erschien dieses Werk in rascher Folge auf den Bühnen von Münster/Westf. und Nürnberg. Damit wurde der Beweis erbracht, daß auch kleinere Häuser bei entsprechend geistiger Führung dem Werke gewachsen sind. Bald darauf kam es zu den denkwürdigen Aufführungen an der Bayerischen Staatsoper in München (am 23. März 1961 unter musikalischer Leitung von Joseph Keilberth; Inszenierung: Heinz Arnold; Bild: Helmut Jürgens) und an der Wiener Staatsoper (27. April 1961 unter Heinrich Hollreiser; Szene: Günther Rennert; Bild: Caspar Neher).

Der "Oedipus" ist das Schwesterwerk der "Antigonae". Die Relation der beiden Werke zueinander ist bei Orff ähnlich wie bei Sophokles selbst. Der griechische Dichter ließ den "Oedipus" erst nach großer Zeitspanne der "Antigonae" folgen. Nach unserem Wissen wurde die "Antigonae" 442 v. Chr., der "Oedipus" fünfzehn Jahre später erstmalig zur Aufführung gebracht. Ähnlich bei Orff, wo zehn Jahre zwischen den beiden Werkschöpfungen liegen.

Der Orffsche "Oedipus" ist rückblendend auf "Antigonae" konzipiert – und nicht umgekehrt. Und so ist die musikalische Substanz in dieser Relation "Oedipus"–"Antigonae" zu betrachten. Als Orff mit der Musikalisierung des "Oedipus" begann, lag für ihn selber eine jahrelange Entwicklung dazwischen. Die erste Szene (Priester und Kreon) liegt in den Entwürfen fünf ausgeführter Fassungen vor. Aus ihrem Vergleich erkennt man, wie die eigentliche Stilfindung der spezifischen "Oedipus"-Musikalisierung für Orff stattgefunden hat. Die erste Szene beträgt im ersten Entwurf in Reinschrift ausgeführt, über 100, die endgültige Fassung 28 Seiten!

Bedenkt man, daß der "Oedipus" 1550 Verse gegenüber den 1400 der "Antigonae" aufzuweisen hat, so versteht man die Notwendigkeit, die Musikalisierung aufs äußerste zu straffen. Anstelle breiter Musikalisierung tritt daher ein ganz spezifisch Orffscher *Sprach- und Deklamationsstil* in Erscheinung. Was wir bei Orff als "Musik der Sprache" bezeichneten, tritt hier in unerbittlicher Konsequenz und höchster Differenzierung zutage. Gegenüber der "Antigonae" mit ihrem durchweg gesungenen und psalmodierenden Ton und mit nur wenigen Sprechstellen erfüllt sich im "Oedipus" die Darstellung des "Klangleibes der Sprache" im reinen Sprechen und Rezitieren, um dann bei dramatischen Steigerungen mit einer ausgreifenden Musikalisierung die Hoheit und das Grauen der Tragödie eindringlich spürbar werden zu lassen.

148

Es handelt sich im "Oedipus" grundsätzlich um eine Vielfalt von *Sprecharten.* Es sind im wesentlichen folgende:

1) die einfach rhythmisiert aufgezeichnete Sprechstimme (s. Kreon-Auftritte, Ziffer 20 oder Oedipus bei Ziffer 51 u.a.).

2) das frei gesprochene Wort auf Klanggrundlage (s. Tiresiasszene Ziffer 65 ff. und das große Chorlamento, welches das 3. Bild abschließt; hier sprechen immer nur Einzelne des Chores die gedankenschweren Worte frei auf rhythmischem Fundament).

3) das Melodram, welches eine Sonderform des frei gesprochenen Wortes ist (Lebenserzählung des Oedipus, ab Ziffer 160; hier fallen nur gewisse Worte mit Tönen des partiell auskomponierten Klanggrundes zusammen).

4) die "Sprech-Arie" des Kreon (Ziffer 118 ff.). Sie stellt ein quasi-cantando aus rhythmischer Grundlage dar und bringt die Worte nach gleichsam melodischer, nicht nach rationaler Textgestaltung.

Charakteristisch für diesen Sprech- und Deklamationsstil ist nun, wie Orff die Kontraste der einzelnen Sprecharten wie den Kontrast von Sprechen und Singen auf engstem Raume benutzt: Während Jokastas zielsichere Rede (Ziffer 146 ff.) musikalisch gebunden ist, bleibt die Erzählung des Oedipus (Ziffer 160 ff.) frei. Die Chorstelle bei Ziffer 134 wird erst rhythmisch gesprochen, dann (Ziffer 136) gesungen.
Ganz eng ist der Wechsel, wenn die Betonung gewisser Wörter oder die Hervorhebung des Sinnes es verlangen. So bricht der Chor (Ziffer 45) aus der reinen Rezitation in den gesungenen Anruf "Vater!" aus, nachdem die Anrede "Jupiter" vorher noch rezitiert war. (Eine Párallelstelle großflächigeren Wechsels: "Ein Spruch kam von Lajos", Ziffer 146 f., s. Beispiel 17, S. 151).
Bedenkt man zudem, daß den einzelnen Deklamationsarten die ganze Breite stimmlicher Flexion zur Verfügung steht — wie etwa der rhythmischen Chordeklamation (Ziffer 266—269) ange-

sichts der schrecklichen Erscheinung des geblendeten Oedipus vom Schreckensschrei bis zum entsetzten Flüstern –, so erkennt man, welchen Reichtum der Ausdrucksgestaltung dieser Wechsel der Sprech- und Singarten im großarchitektonischen Bau wie in der kleinsten Zelle zu entbinden vermag.

Die Besonderheit der hier angewendeten sprachlich-gesanglichen Melospraxis, – die Sprachaufschließung wird zur psychologischen Aufschließung – rechtfertigt es, noch einige Beispiele hinsichtlich der sprachmusikalischen Differenzierung zu bringen:

Instruktiv ist die Sprechstelle des Oedipus (Ziffer 215), wo die selbstbewußt schwungvolle Gesangslinie des Textes "Ich aber will als Sohn des Glücks mich haltend, des wohlbegabten, nicht verunehrt werden … Und so erzeugt, will ich nicht ausgehn" bei dem anschließenden, zweimal wiederholten, "so" (auf dem hohen a ausgehalten) plötzlich abbricht und die folgenden Worte: "daß ich nicht ganz, weß ich bin, ausforschte" völlig unbegleitet gesprochen werden. Damit geht Oedipus ab. Diese libero und die am Schluß molto stentato gesprochenen Worte reißen eine ganze psychologische Dimension auf.

Eine andere musikdramaturgische Lösung bietet die Lebenserzählung des Oedipus (Ziffer 168): Nach dem gesungenen "Bin ich bös? Bin ich nicht ganz unrein? Und wenn ich fliehen muß, darf auf der Flucht die meinen ich nicht sehn, noch gehn zur Heimat; oder soll ich seyn zusammen mit der Mutter, gejocht zur Hochzeit, soll ich den Vater morden, Polybos, der mich gezeuget und mich aufgenährt?" folgt plötzlich die völlig unbegleitete gesprochene Interjektion (sfrenato): "Würd' einer, der von unser einem urtheilt, die Sache nicht von rohem Geist' erklären?". Und dann bricht er, molto appassionato, auf dem Fortissimogrund von Klavierschlägen zu hochliegendem Flöten-Oboen-Triller und gleicherweise hochliegendem Marimbaphon-Tenorxylophon-Tremolo aus: "Nein, nicht, o du der Götter heilig Licht, mag diesen Tag ich sehen, sondern lieber schwind' ich von Menschen, eh ich sehe, wie solch ein Schimpf des Zufalls mir begegnet!" (Beispiel 17).

Beispiel 17  "Oedipus der Tyrann": III. Teil, Erzählung der Jokasta

Eine merkwürdige Stelle sei schließlich noch zitiert, diejenige, wo Oedipus auf Kreons Orakelbericht erklärt: "Denn alles werd' ich thun, entweder glüklich erscheinen mit dem Gotte wir oder stürzen" (Ziffer 28 ff., Beispiel 18)

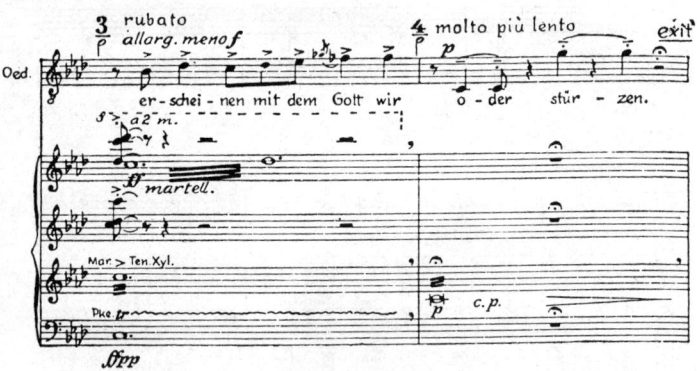

Beispiel 18    Aus "Oedipus der Tyrann": I. Teil (Oedipus)

Kein Madrigalist hätte je das "stürzen" nach oben geführt. Die psychologische Erklärung ist: Oedipus glaubt nicht an seinen Sturz, er ist völlig selbstsicher! (Die Stelle wird im falsettierendem Piano gesungen).

So ist alles darauf gestellt, daß auch das letzte Wort verständlich sein kann.

Aus dieser Forderung entstand schon das Instrumentarium der "Antigonae". Während aber die Partitur dieses Werkes, gleichsam die Problematik der Klanggestaltung abtastend, aufgebaut wurde (so ist die erste Hälfte nur auf Klavier und Schlagwerk gestellt, welcher Klangebene dann sukzessive der Einstand der Flöten, der Trompeten usw. folgt), ist für Orff hier im "Oedipus" das ganze Instrumentarium von Anfang an eine "Gegebenheit". Auch aus der Instrumentationsperspektive ergibt sich, daß bei zyklischen Aufführungen der "Oedipus" nach der "Antigonae" zu spielen ist.

Dazu kommt eine wesentliche Erweiterung und Differenzierung des Instrumentariums: zu den Trompeten treten 6 Posaunen, vermehrtes Schlagwerk wie verschiedene Trommeln, großes Klappholz, Bongo, Timbales, großes Tomtom, Konga, Celesta, Glasharfe und schließlich ein elektronisches Orgelwerk, "Organon" genannt. Dieses Instrument gibt mit seinen unbeschränkten Darstellungsmöglichkeiten eine Fülle musikalischer Klangrealisationen, von melodischer Bläserverdoppelung und reinem Orgelklang wie Mixturklängen bis zu Staccato-Effekten nach der Art von Perkussion. Man denkt bei diesem Instrument unwillkürlich an Monteverdis Organi di legno und die Regale. Mittels Organon zeigt die Tiresiasszene neue farbige Reize, wenn es zusammen mit Klavier, Harfen, Steinspiel, Xylophon und Glasharfe eine ganz eigene irreal-schwingende Klangebene erzeugt (Ziffer 65, bzw. 68 ff.); ebenso das große Chorlamento (ab Ziffer 179), wo das Organon in tiefer Lage, zu den hohen Oboen und Flöten oder als Fernklang erklingt (Ziffer 285 ppp). Organo-di-legno-Verwendung nach Art Monteverdis zeigen Stellen wie Ziffer 251 und 261 u. ff.

Am Höhepunkte des "Oedipus"-Werkes beim Erscheinen des geblendeten Oedipus erklingen 8 Trompeten, auf Band aufgenommen und durch Lautsprecher allseitig in Raumtonwirkung, d.h. von allen Seiten des Zuschauerraums emittiert: Oedipus erscheint, nachdem er sich selbst, sein eigener Priester, zum Opfer gebracht hat, indem er sich blendete, und damit den Sinn seines Auftrages erfüllt hat. Das Entsetzen ist jenseits von Gut und Böse. Keine Klage, kein Schrei, sondern die unerbittliche Bestätigung der "Erfüllung" ist mit nicht zu überbietender Eindringlichkeit mit diesem Symbolklang der reinen Quinten ausgedrückt. Dann erst bricht Oedipus in unendliche – nun eben menschliche – Klage aus. Das C, dessen Quintklang ertönt, ist der Grundton des ganzen Werkes. Wohl an keinem anderen Punkte kann man den Darstellungsstil des Werkes so klar ablesen wie hier, eben an der Erscheinung des Geblendeten. Als Parallelstelle in der "Antigonae" ist deren Grabgang anzusprechen. In beiden Fällen liegt die gestische und tänzerische Haltung so fest, daß jeder Naturalismus und jeder Psychologismus ausgeschaltet wird.

Jenseits der Instrumentation treten im Verhältnis zur "Antigonae"-Partitur in diesem Lapidarwerke neue charakteristische klangliche Erweiterungen ein. Man nehme die Posaunenakkorde des dem Tiresias-Auftritte folgenden Chores (Ziffer 98) oder die Spiegelklänge beim Auftritt der Jokasta, als sie in der Dämonen Tempel opfern geht (Ziffer 188). Sie sind tonsymbolisch zu verstehen (s. Beispiel 19).

Auch der Chor (Ziffer 218) zeigt in seinen statischen Klängen Aspekte, die in sich ruhen und symbolische Bezüge haben. W. Keller hat solche Klänge mit dem Begriff "Personanzklänge" bezeichnet.

Mit echt Orffscher Ökonomie und bewunderswerter Klarheit des Bogenwurfes der großarchitektonischen Form ist das Lapidarwerk des "Oedipus" gestaltet, herb, ja oftmals brutal "die Sprache der Sprache zur Sprache bringend", um zwingend zum letzten Höhepunkte emporzuführen. Nach den ersten dramati-

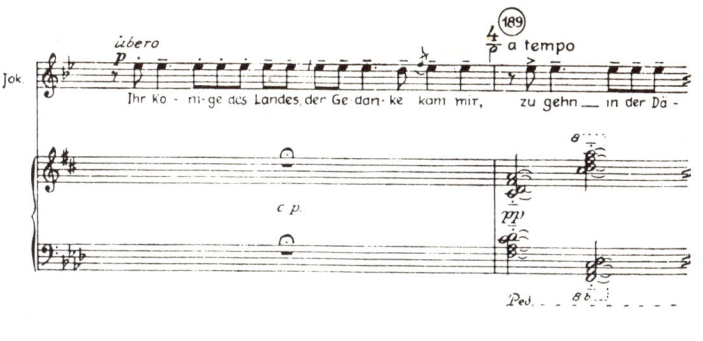

Beispiel 19   Aus "Oedipus der Tyrann": IV. Teil (Jokasta)

schen Szenen erklingt der von einem gewaltigen Klangteppich
eingeleitete Chor "O du von Zeus hold redendes Wort", das
erste machtvoll-ekstatische Stück der Partitur. Im zweiten Bilde
mit seiner rhythmisch drängenden Orchestereinleitung sei die
Ansprache des Oedipus "Forschen will ich" und die großartige
Tiresiasszene − anders und doch von gleicher Eindringlichkeit
wie die der "Antigonae" − gefolgt vom Chorausklang hervorge-
hoben. Im dritten Bilde: die gesprochene Auseinandersetzung
Oedipus−Kreon und, auf hartem Schlagwerkgrunde, die Sprech-
arie Kreons, gefolgt von der großen Jokasta-Oedipus-Szene mit
Chor, welche die Lebenserzählung des Oedipus einschließt, und
dem gewaltigen Chor-Lamento von betont melodischer Prägung auf pointiertem Rhythmengrunde. Das vierte Bild bringt

155

den Opfergang der Jokasta. Das Gespräch mit dem korinthischen Boten, hoffnungserweckend beginnend, endet in voller Tragik. Jokasta geht nach ihrem expressiven Höhepunkte: "O Armer, wüßtest nie du, wer du bist!" mit einem ihren Tod ankündenden Schrei ab. Über den Chorauftritt und des Oedipus in steigender Erregung mit dem Hirten geführte Unterredung kommt es zum alles aufklärenden Höhepunkte. Dem wilden Ausbruch des Oedipus folgt sein stiller Abgang. Er geht den Weg der Erfüllung.

Der einleitende Botenbericht des fünften Bildes führt zum erschütterndem Gipfel des Erscheinens des Geblendeten, unter dem Entsetzensschrei des Chores und gefolgt vom Lamento des Oedipus, welches, erfüllt von seinen melismatischen Wehschreien, in die Szene mit Kreon, Antigonae und Ismene führt. Hier wird musikalisch, in Aufnahme der Grabgesangmusik der "Antigonae", die Bindung zu diesem Werke offengelegt. Nach "schwerem und langem Schweigen" folgt der Abgesang, in dessen Rahmen der letzte Chorspruch erklingt: ".. . preist glücklich keinen, eh denn er an des Lebens Ziel gedrungen, Elend nicht erfahren!"

# PROMETHEUS

Geschrieben: 1963 – 1967. Uraufführung: Württembergisches Staatstheater Stuttgart, 24. März 1968, Musikalische Leitung: Ferdinand Leitner; Inszenierung: Gustav Rudolf Sellner; Bühnenbild: Teo Otto; Chor: Heinz Mende.

Orchesterbesetzung: 4 Pianoforti (8 esecutori), 6 Flauti (anche 6 Flauti piccoli e 1 Flauto contralto), 6 Oboi (anche 2 Corni inglesi), 6 Trombe in do, 6 Tromboni, 4 Banjos tenori, 4 Arpe, Organo (anche Regal), Organo elettronico, 9 Contrabbassi. Batteria: 5 Timpani, 2 Timpanetti con tavola di legno, Tamburo piccolo con corde, 3 Tamburi baschi, 2 Gran Casse (med.-più bassa con Piatto affibiato), O-Daiko, Taiko, 4 Darabuka (4 Darabuka bassa), 2 Conga, Litofono, 2 Xilofoni, 2 Xilofoni tenori (cromatici),

---

"Prometheus": erste Seite der Partitur         ▷

Προμηθεὺς δεσμώτης
Ἥκομεν …
τοὺς σοὺς ἀέθλους τούσδε, Προμηθεῦ
δεσμοῦ τε πάθος τοῦ ἐποψόμεναι …
Largo
Carl Orff
mit beiden Händen

2 Marimbafoni, Xilofono basso, Campanelli, Metallofono, Metallofono basso, 6 Campane tubolari, Triangolo, 4 Piatti, 5 Piatti turchi, 3 Piatti cinesi, 3 Cimbali antichi, 6 Crotales, 3 Tamtam, 3 Gong, 2 Lastre di metallo, Campagna die lastra, Guiro, 5 Blocchi di legno, 3 Campane di legno, Campane di legno grande, Tamburo die legno africano, Tavola di legno, 2 Tubi di bambù, 2 pai Hyoshigi, Wasamba, Bin Sasara, 4 Maracas, 2 Anklung, 7 Bicchieri di vetro, Màcchina da vento, Màcchina da tuono.

Orffs "Weg zurück" führt von Sophokles zu Aischylos. Ging es in der "Antigonae" und im "Oedipus" um den im Ich gespiegelten, sich im "Streite von Sprache mit Sprachlosen" bekundenden Mythos, so handelt es sich im "Prometheus" um mythisches Geschehen selbst. Sprache wird zur Verkünderin mythischer Wahrheit. Wahrheit aber verlangt nach Unmittelbarkeit und schließt somit die Möglichkeit einer Übersetzung aus.

Allein das Griechische in seiner unwiederholbaren Identität von Sinn und Klang vermag überhaupt mythisches Wort zu sein. "In der Wortwirklichkeit der griechischen Sprache bekundet sich das Sein der Dinge selbst" (W. F. Otto). Der sich in Bildern offenbarende Mythos wird durch die der griechischen Sprache eigene Klangkraft und rhythmische Körperlichkeit zu unmittelbarem Ereignis.

Im ersten und einzig erhalten gebliebenen Teil der aischyleischen Prometheus-Trilogie geht es allein um das mythische Bild des aus Strafe für seinen Götterbetrug an den Felsen geschmiedeten Prometheus, "Symbol für den in die Schranken der menschlichen Existenz gewiesenen Geist" (K. Kerényi). Diesem Mythologem – seine Wurzeln gehen bis auf orientalische, wie afrikanische Mythen zurück – will die aischyleische Tragödie Deutung und Verwirklichung sein. Wird die Erinnerung, Klage und Prophetie des Prometheus zur Bilderklärung, so tragen die im Laufe der Fabel auftretenden Personen zur Vertiefung der bildlichen Symbolik bei. Ihre wechselnden Auftritte und Abgänge verdeutlichen das Gefesseltsein des Prometheus, ihre verschiedenen Stellungnahmen bedeuten ein stufenweises Bewußtwerden seiner sich steigernden Leiden. Im Gegensatz zu den sophokleischen Tragödien, in welchen das fortlaufende Geschehen zum archetypischen Bild wird, muß hier Bild selbst zu Geschehen werden.

Indem die Tragödie mit der Fesselung des Prometheus einsetzt, wird das symbolische Bild des an den Felsen Geketteten vor den Augen des Zuschauers erst aufgerichtet, und so zum Schaubild. "Wir sind gekommen, deine Leiden, Prometheus, und der Fesselung Qual hier anzuschauen."

Die Wechselreden zwischen Kratos und Bia, durch welche Hephaistos gezwungen wird, Prometheus an den Felsen zu schmieden, demonstrierten die von Zeus verhängte Strafe in all ihrer Grausamkeit. Sobald Hephaistos und die beiden Schergen den Schauplatz verlassen haben, erhebt Prometheus Anklage, die mit fortlaufendem Geschehen zur Klage wird. Er, der Zeus zum Thron verholfen hatte, muß für seine Hilfe den Menschen gegenüber büßen. Aus Mitleid — Zeus kümmerte sich nicht um sie — brachte er ihnen das vom Himmel gestohlene Feuer und somit alle Geistesgaben. Dafür der Freiheit beraubt, wird Prometheus zum Archetyp des aus Mitleid Selbstleidenden.

Angelockt von den Klagen kommen die Okeaniden herbeigeflogen und beweinen sein Schicksal. In ihrer ununterbrochenen Anwesenheit vergegenwärtigen sie ständig das Leiden des an den Felsen Geschmiedeten. In der Freiheit der Lüfte beheimatet, werden sie zu wahren Mitleidenden Prometheus'. Für ihn selbst gibt es nur mehr die Freiheit des Wortes, des Geistes. So lehnt er Okeanos' Angebot, sich für ihn bei den Göttern einzusetzen, ab und prophezeit Io das Ende der Zeus-Herrschaft. Sie, ständig von der eifersüchtigen Hera durch eine Bremse verfolgt, wird nach langen Irrwegen Zeus einen Sohn gebären. Aus dessen Geschlecht soll Prometheus' Rächer, der einst Zeus stürzen wird, hervorgehen.

Die in diesem Wissen wurzelnde stolze Selbstbehauptung des Prometheus läßt ihn Hermes gegenüber das Wort verweigern. Auch für die von Zeus durch den Götterboten versprochene Freiheit gibt er sein Geheimnis nicht preis. Die Fesseln haben

Prometheus seine innere, die eigentliche Freiheit finden lassen. Sich dieser ganz bewußt, nimmt er die von Hermes verkündeten Qualen ungerührt hin und ruft Zeus zu seiner eigenen Vernichtung auf. Bei all seinem Wissen um die eigene Existenz und um eine neu kommende göttliche Weltherrschaft bleibt er dennoch der gegenwärtigen Macht des Zeus unterworfen. Von dessen Blitz getroffen, stürzt er mit den Okeaniden in den Tartarus. Der aus Wissen, wie wissend leidende und untergehende Prometheus läßt erkennen, daß Annehmen des Leidens die einzige Freiheit des Menschen, der Tod seine einzige Gewißheit ist. Das mythische Bild des an den Felsen geschmiedeten Prometheus selbst will ja als Symbol der dem menschlichen Geist gesetzten Grenzen verstanden sein.

Im Bild bekundet sich die zeitlose Gültigkeit des Mythos, im unmittelbaren Erlebnis seine Wahrheit. Orff sah daher seine Aufgabe darin, das mythische Bild durch die Totalität aller unmittelbaren szenischen Faktoren erfahrbar und so in seinem ganzen Symbolgehalt erkennbar werden zu lassen. Auch die Musik — sie ist in ihrer Unmittelbarkeit selbst Symbol — bekommt die Funktion, das Bilderlebnis zu intensivieren, um so den geistigen Hintergrund in seiner ganzen Tiefe faßbar zu machen.

Allein schon der Lautgehalt der griechischen Sprache verleiht dem Bild akustische Gegenwart. Um es durch das Wort auch optisch sich ereignen zu lassen, bedarf die griechische Sprache, die ihre ursprüngliche Plastizität, ihre Identität von Musik und Bewegung verloren hat, klanglicher wie rhythmischer Stütze. Ihre mythische Eigenklanglichkeit zu wahren, verzichtet Orff weitgehend auf orchestrale Stützgebung und beschränkt seine musikalische Sprachverwirklichung auf psalmodierende Intonation wie rhythmische Eingliederung.

Soll das sich in der Sprache bekundende mythische Bild zu unmittelbarem Geschehen werden, so muß sich das Wort spontan ereignen. Daher wird für die rhythmische Einformung vom Wortakzent der griechischen Sprache selbst abgesehen, der affektive Wortgehalt und nicht das Versmaß bestimmend. Das Pathos der Rede soll gesteigert und unmittelbar miterlebt werden. Als rhythmisch-optische Formgebung – Rhythmus und Bewegung sind identisch – verbildlicht die Musik das szenische Symbolgeschehen.

Schon durch das totale Spracherlebnis wird die mythische Bildvorstellung suggestiv vermittelt.

Da sich die griechische Sprache heute einem rationalen Verstehen entzieht, vermag sie eine "neue Kommunikationsebene der Unmittelbarkeit" (W. Thomas) zu sein. In ihrer Irrationalität ist sie geeignetes Ausdrucksmedium für die Zwiesprache unter Göttern und in ihrer archaischen Klanglichkeit läßt sie immer wieder die für das Schauen des Bildes notwendige Distanz gewinnen.

Auch der Musik kommt die Funktion der Kommunikation, wie gleichzeitig die der Distanzierung zu.

Vertieft sie als Medium sympathetischer Einsfühlung das Symbolerlebnis, so wirkt sie als Medium der Stilisierung distanzierend. Indem sie den Bildgehalt mitaussagt, das heißt, daß durch sie Hörbares sichtbar und Sichtbares hörbar wird, trägt sie zur Erschließung des sich im Bild konkretisierenden Sinns bei. So wird zum Beispiel die Brutalität des Anschmiedens allein durch den grellen messerscharfen Klang synkopiert angeschlagener Stein-, Metall-, und Holzplatten in all ihrer Härte akustisch verdeutlicht und, nur als Hörerlebnis veranschaulicht, kann das Heranfliegen der Okeaniden deren Freiheit und somit auch das Gefesseltsein des Prometheus so eindringlich bewußt machen (siehe Beispiel 20, S. 162/163).

Auch durch die ihr eigene Zeitlosigkeit wie Zeitlichkeit prägt die Musik das Bilderlebnis. Durch "horizontales und vertikales Ausschreiten der Tonleitern, wechselnde Isolation der Parameter, explosive Ballung von Cluster und Tontrauben, wie durch Ausbreitung vorharmonischer Klangflächenkontraste" (W. Thomas) erstarrt das szenische Geschehen zum Bild.

Verleiht die Musik in ihrer statischen Architektonik dem Bild

Beispiel 20    Aus "Prometheus": Auftritt der Okeaniden

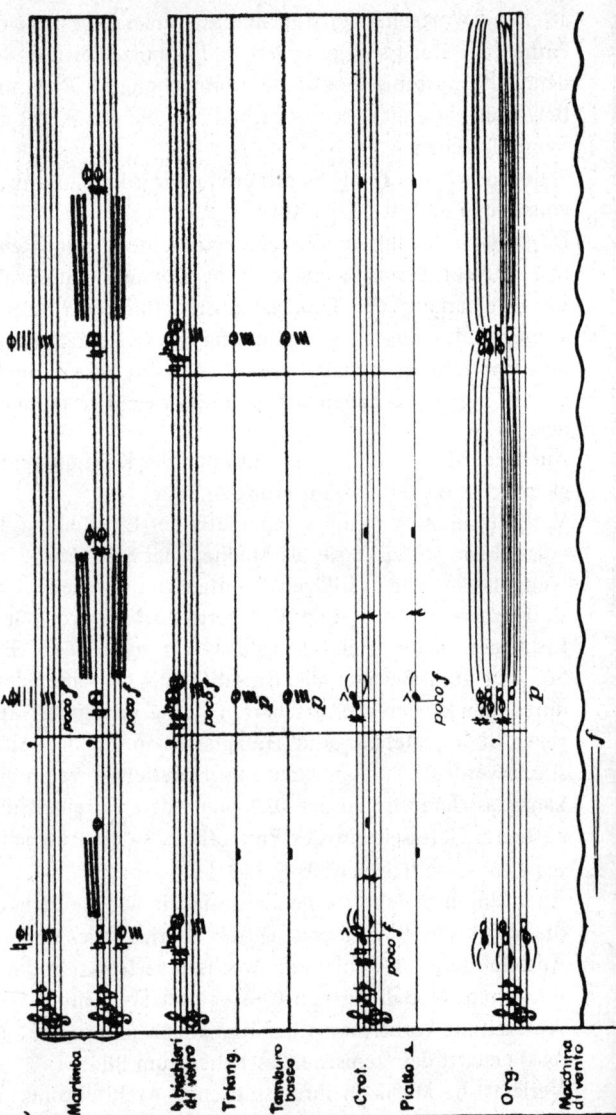

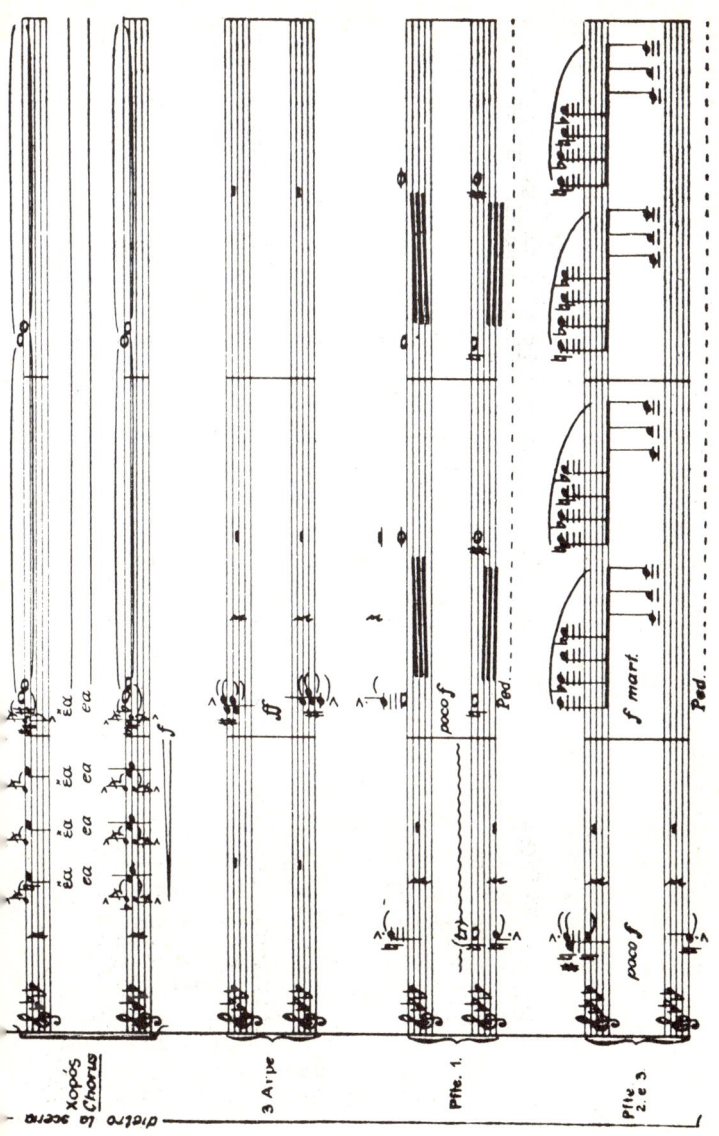

einerseits zeitlose Gültigkeit, so läßt sie dieses durch ihre zeitliche Funktion zu unmittelbarer Gegenwart werden.

Das deutlichste Beispiel dafür, wie Orff selbst durch die zeitliche Funktion der Musik das bildliche Symbolerlebnis vertieft, findet sich in der Io-Szene. In dem durchkomponierten Auftritt der ständig Flüchtenden wird die Musik, als ein die Aktion auslösender Impuls, zum Symbol des Gehetztseins. Im Gegensatz dazu läßt die Rezitation des Prometheus, auf weite Strecken hin unbegleitet oder nur von einem statischen Klang grundiert, dessen Einsamkeit wie Unfreiheit in besonderer Weise spüren.

In ihrem unterschiedlichen Einsatz bedeutet die Musik Konturierung, in ihrer so differenzierten Klanggebung — der riesige Orchesterapparat spricht dafür — setzt sie Farbschattierungen, die kontrastierend die Plastizität des Bildes vertiefen.

Das sich aus Instrumenten aller Welt zusammensetzende Schlagwerk verleiht archaisches Kolorit und läßt in seiner Eigenklanglichkeit den mythischen Hintergrund ständig präsent sein. So ist es die Musik, die jenen der aischyleischen Dichtung zugrundeliegenden Urmythos beschwört und in ihrer Unmittelbarkeit die ihm entsprechende Objektivität verleiht.

## DE TEMPORUM FINE COMOEDIA

*Das Spiel vom Ende der Zeiten*

### VIGILIA

Geschrieben: 1969–1971. Uraufführung: Großes Festspielhaus Salzburg im Rahmen der Salzburger Festspiele, 20. August 1973. Musikalische Leitung: Herbert von Karajan. Inszenierung: August Everding; Bühnenbild: Günther Schneider-Siemssen.

Orchesterbesetzung: 6 Flauti (anche piccoli), 6 Clarinetti in As (anche 6 Clarinetti in Es), 1 Contrafagotto, 6 Corni in F, 8 Trombe in C, 6 Tromboni, 1 Tuba, 3 Arpe, 3 Pianoforti, 1 Organo elettronico, 8 Contrabassi, Quartetto di viole (alta, contralta, tenore, bassa) Schlagwerk: 2 Tamburini piccoli con corde, 6 Tamburi baschi, 3 Tamburi rullanti, 2 Gran Casse (1 con piatto), 3 Darabukka, 3 Tomtom, 6 Congas, Conga bassa, 4 Timpanetti con tavola di legno, 5 Timpani (3 con piatti), 5 Crotali ($b^1$, $c^1$, $e^2$, $f^2$, $ges^2$), 5 Piatti sospesi, Piatti a due, 3 Tamtam, Tamtam grande, Gong, Dobači (campana giapponese di tempio) cis, 5 Campane alte di bronzo (all'intervallo d'un semitono), Campane tubolari (2 strumenti), Guiro, Frusta, Maracas, 6 Castagnette, Hyoshigi, Angklung, 3 Campane di legno, 5 Blocchi di legno, Raganella semplice, Raganella doppia, 3 Raganelle grandi di chiesa, 4 Bicchieri di vetro ($cis^2$, $d^2$, $es^2$, $f^2$), Celesta, Campanelli, Litofono, Metallofono, Xilofono, Xilofono Tenore (cromatico, a cassetta di risonanza), Xilofono basso, 2 Marimbafoni. Auf Magnetofonband: 8 Flauti piccoli, 10 Trombe in C, 4 Tromboni, 2 Pianoforti, Organo grande di chiesa, Timpano, Crotali, Campanelli, Marimbafono.

Ließ der prometheische Mythos den Tod als die dem Menschen einzige Gewißheit bewußt werden, so führt diese Erkenntnis zur Frage nach "jenem Tag", der aller Zeiten Ende sein wird. Sie ist zugleich auch immer eine Frage nach dem Sinn der menschlichen Existenz.

"Was ist unser Ziel
unser endlicher Sinn.......?"

Aus der Sicht verschiedener historischer Geistesrichtungen versucht "De Temporum fine Comoedia" gleichsam spielerisch suchend eine mögliche Antwort zu finden. Der Sprache kommt daher zentrale Bedeutung und in bezug auf die vorangegangenen Werke neue Funktion zu. Sie will nicht mehr ein fortlaufendes Handlungsgeschehen oder in monologischer wie dialogischer Formgebung personelle Konflikte verdeutlichen, sondern sie will allein Wort, das heißt Aussage des Logos sein.
Sprache als direkte Aussage ist immer unmittelbar auf ein Du gerichtet. Damit griechisches, jüdisch-hellenistisches, römisches und christliches Gedankengut für heute wieder aussagend wird, läßt Orff es durch die Totalität der Szene zu wirkender Wirklichkeit werden. Im Gegeneinander und Miteinander steigern sich die verschiedenen Aussagen und entbinden einen neuen Sinn. Antwortend will die Comoedia jeden die für ihn wahre Antwort finden lassen.
Da dieses Werk, der alle Zeiten bewegenden Frage entsprechend,

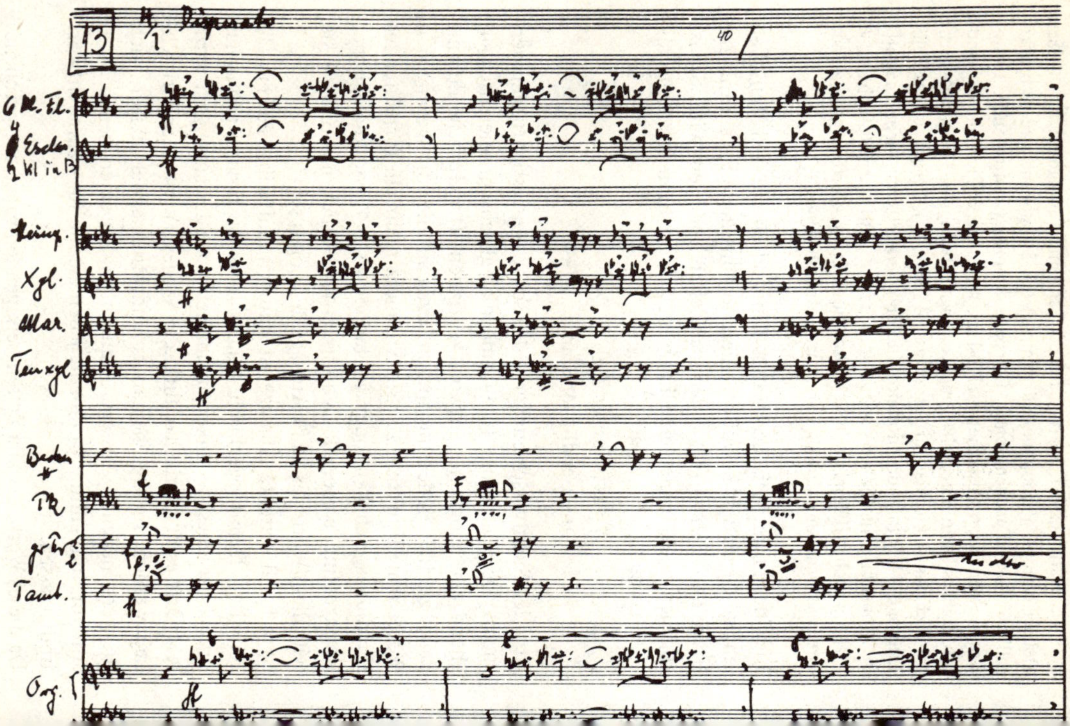
13
40
Xyl.
Mar.
Tamb.
Org.

Beispiel 21    "De Temporum fine Comoedia": I. Teil, Sibyllen

167

die großen abendländischen Zeitepochen zu Wort kommen läßt, erhalten Zeit und Raum sprachlichen Symbolwert. Sprache wird zu szenischem Requisit. Ihr Begriffs- und musikalischer Gehalt, wie der wechselnde Einsatz von Griechisch, Latein und Deutsch, entspricht verschiedenen zeitlichen und räumlichen Dimensionen.

Bekommt die Sprache in Klangkraft und rhythmischem Duktus musikalischen Symbolwert, so wird die Musik in ihrer magischen Urform zu Sprache. In ihrer Unmittelbarkeit und Sinnenhaftigkeit ist die Aussage in sich und daher wie kein anderes Medium geeignet, den Sinngehalt der Sprache zu erschließen. Mittels aller sprachlichen Funktionen der Musik wie aller Wirkungsmöglichkeiten der Sprache wird szenisches Geschehen zu Sprachgeschehen. Die verschiedenen szenischen Lösungen und den unterschiedlichen Einsatz der Musik bestimmt die jeweilige Sprachform.

So wird der szenische Raum des ersten Bildes vom "verkündenden Wort" geformt. Es ist "seiendes Wort", dem die Szene akustisch-optische Plastizität verleihen will.

Neun Sibyllen künden von einem einzigen im All herrschenden Gott, der, über den Unverstand und die Besitzgier der Menschen erzürnt, am Ende aller Zeiten über sie Gericht halten wird. Alle Gerechten werden gerettet, die Gottlosen aber für ewig verdammt werden. Sie beschwören die Schreckensbilder des Weltunterganges und prophezeien den Zerfall des Kosmos.

"Doch wenn das Weltall vergeht........ und sternlos blieb der Äther, Gottlose foltert das Feuer für ewig."

Orff griff auf Texte der sibyllinischen Weissagungen zurück, die aus Angst vor der Unfaßbarkeit des Weltalls entstanden, Prophetie eines zürnenden Gottes sind. In seiner Irrationalität die kosmische Bedrohung des Menschen beschwörend und in seiner Seinsqualität wird das Griechische wieder zu mythischem Wort. Auch die Musik will in ihrer magischen Klanggebung – allein das Schlagwerkorchester setzt sich aus fast einhundert Instrumenten aller Erdteile zusammen – die über die Welt einst hereinbrechenden Schrecken suggestiv vermitteln.

In ihrer magischen Qualität entspricht die Musik dem ekstatischen, wirklichkeitsenthobenen visionären Erlebnis, und als ein sich in der Zeit verwirklichendes Medium läßt sie die sibyllinischen Weissagungen zu einem der Vision unmittelbar entsprungenen, verkündenden Wort werden.

Auch in der melischen Ekstatik, den Akklamationen und Glissandi findet jenes Ergriffensein von den Weltmächten Ausdruck. Die Eintonrezitationen sind im Gegensatz dazu unmittelbar an den Menschen gerichtetes, verkündendes, gültiges Wort. Die statische Klanggrundierung entspricht in ihrer entrationalisierenden Wirkung dem visionären Entrücktsein und verleiht der Prophetie zeitlosen Seinswert. "Klangbänder aus Haltetönen der elektronischen Orgel verbinden sich mit Wirbeln der Marimbaphone, der Schlaginstrumente aus Metall und Holz, der mit Schlägeln angeschlagenen Klaviersaiten und mit Trillerketten und Haltetönen der Bläser" (W. Thomas). Starre akkordische Formeln provozieren die sprachliche Eruption und setzen sinngliedernde Zeichen.

Wirkt die Musik, indem sie durch ihre tonmalerische Qualität die von den Sibyllen geschauten Bilder des Weltunterganges zu unmittelbaren musikalischen Visionen werden läßt, raumbildend, so bedeutet ihr Aussparen Raumlosigkeit.

Sich ihrer Schreckensprophezeiungen selbst bewußt, wechseln die Sibyllen von der griechischen Sprache in die lateinische. Das Griechische entspricht in seinem zeitlosen Seinswert der Zeitenthobenheit der Vision, und das Lateinische läßt als Sprache der Realität die Szene zu gegenwärtigem Geschehen werden. Sie leitet somit zum nächsten Bild über. Sich vor dem drohenden Weltuntergang ängstigend, besiegeln die Sibyllen gleichsam den Wahrheitsgehalt ihrer Prophetie.

Wurde im ersten Bild das Wort zum existenziellen Zeichen, so wird es nun, dem dialektischen Prozeß entsprechend, "werdendes Wort".

Neun Anachoreten — analog der Zahl der Sibyllen — lehnen deren Schreckensprophezeiungen mit einem in ihrer Gewißheit Gottes wurzelnden und somit in griechischer Sprache formulierten entschiedenen "Nein" ab.

Die sich "in die Einsamkeit Zurückziehenden" wollen meditierend über jene von den Sibyllen verkündeten ewigen Strafen Klarheit gewinnen. Sie, die Überlegenden und Sinnerkennenden können an die Sinnlosigkeit der menschlichen Existenz, an ein ewiges Verstoßensein nicht glauben. Für eine in der Zeit begangene Schuld kann es keine ewige Strafe geben. "Schuld und Sühne sind in der Zeit", denn das Bewußtwerden und Wissen um die eigene Schuld schließt den Sühneprozeß bereits mit ein. Dem überall seienden, unausweichlichen und unentrinnbaren Gott kann sich nichts und niemand entziehen und somit als "Gott-los" auf ewig verdammt werden.

| "Omnium rerum finis erit vitiorum abolitio." | "Das Ende aller Dinge wird aller Schuld Vergessung sein." |

Gott in seiner Zeitlosigkeit (ἐ ς ἀεί) läßt alle Schuld vergessen. Die Existenz des Teufels ist daher an das zeitlich begrenzte Sein des Menschen gebunden. Der Teufel ist jenes dämonische, sich im Menschen gegen sich selbst erhebende Ich.

> "Hoffart zündet ein neues Gedankenlicht an,
> sie heben sich hoch,
> die kleinen Geschöpfe,
> die Taggeschöpfe,
> sie heben sich
> und erheben sich
> gegen Dich."

> "Und treffen nur immer sich selber."

Da alles aus Gott auch alles zu Gott ist und somit Gott alles ist, kann der Teufel nur eine "zeitliche Funktion" (Thomas) Gottes sein.

Wird das Ende aller Zeiten als ein Ende aller Schuld erkannt, so führt es zur unbeantworbaren Frage: "Wann endet die Zeit?" Die Anachoreten bitten um "Wahrsagung, Weissagung, Hellsicht im Traum", der durch ihr sicheres Wissen um Gott nur 'dies illa' ist, und nicht, wie von den Sibyllen verkündet, zu einem dies irae wird.

In diesem Bild muß der dialektische Prozeß, müssen die zu Wort werdenden Überlegungen szenisch formuliert werden. Sprache soll in Ton und Bewegung Gestalt annehmen. Durch die Wortwiederholungen und sprachliche Klangdifferenzierung bilden sich Sprachsäulen, die den dynamischen wie zeitlichen Verlauf der Reflexionen bewußt machen. Wird das Griechische, wie schon erwähnt, Medium der Transzendenz, so wird das Lateinische in seiner Faktizität Anlaß zur Reflexion und in seiner logischen Qualität geeignetes Ausdrucksmedium für die Gültigkeit der Schlußfolgerung. Die deutsche Sprache in ihrer Begrifflichkeit entspricht der zeitlosen Reflexion und läßt die Gedankengänge mitvollziehen.

Durch die musikalische Qualität der Sprache kann das sich in ihr bekundende Bild zu unmittelbarem optischen Geschehen werden. So wird in der Schilderung der Anachoreten:

> "ubique daemon
> ubique daemon
> der Teufel geht um
> unter den Menschen
> der Teufel geht um
> der Teufel geht um..."

die deutsche Sprache in ihrem Begriffsgehalt Erklärung für das sich im klanglichen Symbolwert des Lateinischen konkretisierende Ereignis, und die ständigen Wiederholungen lassen das vom Teufel Eingekreistwerden der Menschen sichtbar werden. Wie bereits der von musikalischen Gesetzen bestimmten Sprachge-

staltung, kommt auch der Musik die Funktion der Sinnver-
wirklichung und Sinnverdeutlichung zu. Der Wirbel der Gran
Cassa oder der Kleinen Trommel, die Stützakzente der Pauken
und Rührtrommeln lassen die Reflexionen zu unmittelbarem
Ereignis werden und in ihrer rhythmischen Gestaltgebung wie in
ihrer das Sprachbild mitaussagenden Klangsymbolik wirkt die
Musik sinnvertiefend.

Der Selbstbekundung des Geistes in der Meditation entsprechend, wird die Musik auch Medium der Transzendenz. Als
statisches Klangfundament der Worte "Gott allein weiß es"
oder des von einem Knabenchor gesungenen "ἐς ἀεί" symbolisiert sie die dem göttlichen Sein entsprechende Zeitlosigkeit.
Der Hymnus an den Traumgott, der Sammlung der "Orphischen
Hymnen" entnommen, ist dem in sich Gekehrtsein der Anachoreten gemäß a cappella gestaltet. Der auf die Anrufung des
Traumgottes durch den Vorsänger antwortende Chor der Anachoreten wird in seiner entrationalisierenden Klangstatik Ausdruck des immer tiefer in den Traum Verlorenseins. "Der Rezitationston fis wird während des ganzen Verlaufs festgehalten
und bleibt auch dort, wo sich im Tutti ein neuntöniger stati-
scher Klang auseinanderfaltet, bestimmender Zentralton, an
dem die übrigen Töne der Klangtrauben aufgehängt sind, beziehungsweise dem sie aufruhen" (Thomas). Der mystische Klang
der Dobači, einer japanischen Tempelglocke, vergegenwärtigt
das allmähliche Traumwerden. Gleichzeitig lassen ihre Schläge
die Stille der Nacht bewußt werden und künden somit den kommenden Tag an, der 'dies illa' sein wird.

Dem im dritten Bild beschworenen Traum entspricht die Bild-
sprache, die hier in all ihren möglichen Varianten eingesetzt
wird. Der Bild- und musikalische Gehalt der Sprache, die Klangsymbolik der Musik, wie das bildliche Gleichnis wollen für "jenen Tag" Zeichen setzen.

Das Ende aller Zeiten bedeutet Anbruch der Unendlichkeit. So
läßt schon allein die zu Beginn von den letzten Menschen im
suchenden Umherblicken ängstlich wiederholte Frage

"Wo irren wir hin
verloren, verlassen,
wo irren wir hin
verloren, verlassen
........................"

das Grenzenloswerden des Raumes spürbar werden, das durch
den Eintonwirbel der Cran Cassa zu unmittelbarem und unaus-
weichlichem Geschehen wird. Im Bewußtwerden der Unendlichkeit besinnen sich die letzten Menschen auf ihr Ich. "Wir sind
nicht bereitet, parati non sumus". Vom endzeitlichen Geschehen selbst erfaßt, wechseln sie von der deutschen in die lateinische Sprache, die, in ihrer Realität Medium der Vergegenwärtigung und als Klage jeder liturgischen Bezogenheit entbunden,
Ausdruck ihrer Hoffnungslosigkeit wird.
Der Einsatz des Orchesters bedeutet nicht nur Intensivierung
und Steigerung, sondern läßt auch das Ausgesetztsein des Menschen bewußt werden. Es geschieht mit ihm. Verschiedene
Worte für das Hier und Jetzt atemlos stammelnd, fallen die
letzten Menschen aus der Zeit in die Unendlichkeit.

"nunc,
nunc,
nunc,
nunc,
nunc,
nunc,
nunc, nunc,
nunc, nunc,
hic et nunc,
hic et hoc,
hic et hic,
hicine, hicine,
hicine, ........"

Durch Wortwiederholungen, wie durch die Zeitsymbolik der sprachlichen Klangdifferenzierung wird das Hinabstürzen räumlich veranschaulicht. Die verschiedenen Bezeichnungen für das Jetzt verdeutlichen, daß im Auflösen der Zeiten nur mehr der Augenblick zählt, den die letzten Menschen krampfhaft festhalten wollen. Diese mit sprachlichen Mitteln hervorgerufene Bildvorstellung erhält durch den Stampfrhythmus des Orchesters – er bedeutet Bewegung im Stillstand – besondere Betonung. Wenn dann das Klangfuriosum aus jeder musikalischen Ordnung fallend in sich zusammenbricht – es ist nur mehr mit Linien notierbar – wird das Aus-den-Fugen-Gehen der Zeit zu akustischer Realität. Als Hörerlebnis wird das Ende der Zeiten zum Bilderlebnis und somit zu einer dem Traum entsprechenden geistigen Wirklichkeit.

Die anschließenden Kyrierufe, die mit keinem eleison mehr rechnen, werden durch dicht instrumentierte harmonische Klangsäulen zu aufwärts in die Unendlichkeit gerichteten Verzweiflungsschreien, welche im darauffolgenden Schweigen gleichsam Bestätigung finden. Ohne Antwort geblieben, vernehmen die letzten Menschen nur mehr ihre Angst. "Angor, timor, horror, terror ac pavor invadit omnes." Sprachlos geworden, retten sie sich in die Dämonenbeschwörung mit der zum erstenmal, wenn auch nur ganz formelhaft, die Nennung Gottes erfolgt. Hiermit wird bereits erkenntlich, daß das Dämonische nur in seiner polaren Bezogenheit zu Gott existent und somit ein Weg zu ihm ist.

Nach dem Ausruf: "Löset auf die furchtbar gewaltigen Träume!" leuchten mächtige Flammen auf, welche die letzten Menschen, sich ihrer Schuld bewußt – "oculus aspicit" –, für die des Tartarus halten. Ihre Angstvorstellung wird durch das "wilde Prestissimo der auf drei Tamtam ineinander geschlagenen Sechzehntel-Figuren über einer Crescendo-Walze von Becken-, Trommel- und Paukenwirbel und dem Dröhnen der mit Becken geschlagenen Klaviersaiten" (Thomas) zu musikalischer Vision.

Die Prophezeiungen der Sibyllen widerlegend, will das Feuer jedoch Symbol der alles lösenden Erkenntnis sein. Mit ausgebreiteten Armen, gleich riesigen Fledermausflügeln, erscheint Luzifer. Bei jedem seiner drei "Pater Peccavi"-Rufe von einem Lichtstrahl getroffen, fallen Gesichtsmaske, Krallen und Mantel von ihm. Er nimmt den Helm ab – sein Bekenntnis wird zur Erkenntnis einer das Sein bestimmenden Macht des Geistes, die ihm als alles erhellendes Licht antwortet. Als Luzifer von einst läßt er bewußt werden, daß selbst er, der Rebell, der Verstoßene, der Verdammte, nicht auf ewig verdammt ist.

Sein von ihm für die ganze Menschheit gesprochenes "pater peccavi" ruft das Gleichnis vom verlorenen Sohn in Erinnerung, der in seiner selbstverschuldeten Armut wieder den Weg zu seinem Vater findet. Mit seinem Schuldbekenntnis wird der Symbolgehalt der szenischen Luzifer-Vision in die menschliche Ebene transponiert.

In bildlicher wie musikalischer Symbolik will die Erscheinung Luzifers die Schuld und somit die menschliche Existenz als sinnvoll erkennen lassen.

Jedes Peccavi bedeutet ein Annehmen des Ichs in all seiner Begrenztheit, ein Erkennen eines geistigen Weltprinzips und somit ein Bewußtwerden des so Gewolltseins.

Mit dem Schuldbekenntnis, der höchsten Stufe geistiger Existenzbewußtwerdung, löst sich die Welt in Geist auf:

"τὰ πάντα νοῦς"

Die Allgegenwart des Geistes wird durch einen von vier Violen gespielten, und in seinem Krebsgang nie endenwollenden Kanon zu einem "für immer".

# DAS SCHULWERK

## MUSIK FÜR KINDER

Die bedeutende Stellung, die das "Schulwerk" im Gesamtschaffen Orffs einnimmt, wurde bereits gebührend gewürdigt. Orffs Streben nach einer Verlebendigung im Unmittelbaren erfüllte sich im Pädagogischen ebenso wie im Bereiche seines Theaters. Beide Schaffenswelten sind Ausgliederungen aus einer einzigen schöpferischen Mitte heraus.

Die 1935 nach zehnjähriger Arbeit an der Güntherschule vorliegende erste Fassung des "Schulwerkes" zog Orff zurück. Sie gliederte sich in eine Fülle von Einzelheften (Rhythmisch-melodische Übung, Elementare Klavier-, Geigenübung, Tanz- und Spielstücke). Mit der fünfbändigen Folge *"Musik für Kinder"* schuf er das neue zentrale Werk seiner Musikpädagogik. Es hat sich durchgesetzt und wurde in viele Sprachen übersetzt. Mit Recht darf es das grundlegende musikpädagogische Werk sui generis in der Gegenwart genannt werden. Gezeichnet von *Carl Orff* und *Gunild Keetman* als Herausgebern, erschien es in den Jahren 1950 bis 1954.

Den unmittelbaren Anstoß zur Neufassung gab der Bayerische Rundfunk mit der Aufforderung seines Schulfunks (Leitung: Annemarie Schambeck), fortlaufende Orff-Schulwerksendungen zu veranstalten. Diese Sendungen mit Kindern wurden in den Jahren 1948 bis 1952 von G. Keetman und Rud. Kirmeyer unter Orffs persönlicher Leitung durchgeführt. Sie bildeten den Grundstock und die Vorarbeit für die neue Ausgabe.

Das von Orff geforderte neue Instrumentarium (Xylophone und andere Stabspiele) wurde von diesem Zeitpunkte ab von der Instrumentenindustrie in steigendem Maße gebaut und ist heute allgemein eingeführt.

In der Einleitung zum fünften Bande der "Musik für Kinder" (Ostern 1954) bekennt Orff: "Arbeitserfahrung von nahezu

"Comoedia de Christi Resurrectione".
Bayerisches Fernsehen, Uraufführung 1956

Orff-Schulwerk: Probe im Studio Suse Böhm

"Oedipus der Tyrann". Uraufführung Württembergische
Staatsoper Stuttgart, 1959

drei Jahrzehnten sind hier niedergelegt. Dennoch mußte notgedrungen dieser erste grundlegende Versuch der Aufzeichnung Fragment bleiben. Vieles konnte nur angedeutet werden, zahlreiches Material und Querverbindungen aller Art mußten unberücksichtigt bleiben, um der Gefahr der Zersplitterung zu entgehen und die Einheit des Gesamtbaues nicht zu stören."

Auf den Sinn des Titels "Musik für Kinder" wurde an Hand von Orffs eigenen Erhellungen schon hingewiesen. Dem, was "Musik der Kindheit" in uns ist, steht der Weg auch zu dem höchste Anforderungen stellenden Material der letzten Bände offen. Die graduellen technischen Unterschiede sind sekundärer Natur. Methodische Fragen hat Wilhelm Keller in seiner "Einführung" behandelt (zusammen mit Fritz Reuschs Abhandlung über "Grundlagen und Ziele des Orff-Schulwerks" bei Schott 1954 veröffentlicht). Nach der Wesenserläuterung im ersten Teil unserer Studie ist hier nur mehr Grundsätzliches über den Aufbau des "Schulwerkes" zu sagen.

Um die Erweckung der musikalischen Potenzen des Kindes und seiner Phantasie, um ihre Weiterentwicklung aus eigenster Spielfreude geht es. Die Improvisation ist die vorzügliche Methode des Schulwerks. Elementare Erweckung soll elementares Tun und Gestalten erzeugen. Alle Aufgaben — und die der unteren Stufe naturgemäß besonders — haben den Zweck, diese Eigentätigkeit wie das Erlebnis der musikalischen Qualitäten im Kinde auszulösen. Rhythmisch-melodische Übungen, die das Improvisatorische aufschließen sollen, aber gerade auch — in Verbindung mit ihnen — Sprechübungen, sind wichtigste Grundlage. Was hier im elementaren Raume geschieht, ist nichts anderes, als was sich dann auf höheren Stufen an kunstvoller gestaltetem Material vollzieht: die Aufschließung des "Urgrundes Musik" im Orffschen Sinne. Selbst an den Sprechübungen des ersten Bandes wird deutlich, daß sie bereits "als Elemente dieser urtümlichen, bis in körperhafte Bewegungsformen der Gebärde und des Tanzes reichenden Wort- und Klangmagie begriffen werden müssen" (W. Thomas).

Im *ersten Bande* wird der Fünftonraum, beginnend mit Zwei-
tonmelodien, eröffnet. Er liegt in seiner urtümlichen Art der
Kinderseele am nächsten. Der Grunderziehungsgang dieses ersten Bandes enthält rhythmisch-melodische, vokale wie instrumentale Übungen; ein kindernahes, primär-musikalisches Material wird voraussetzungslos geboten. Einfachste Grundformen
werden gepflegt. Reime und Spiellieder (immer wieder auch
"Texte zum Ausarbeiten"!) stellen den literarischen Bestand;
und naturgemäß tritt das Orffsche Instrumentarium bei den
Spielstücken in seine Rechte.

Der *zweite Band* befaßt sich mit Dur, zunächst im Bordun mit
sechs und sieben Tönen, dann mit Stufen (der Verbindung der
ersten und zweiten sowie der ersten und sechsten). Keinesfalls
soll das Funktionelle der klassischen Harmonik hervortreten,
vielmehr das Klangerlebnis einfach gestaltet werden. Daher werden auch hier Mixturformen als "monophone" Gebilde angewandt.

Der *dritte Band* erschließt mit Dur und Dominanten die
Musikform der funktionellen Kadenz. Die Dominantenverwen-
dung tritt in bewußten Gegensatz zum Spiele mit dem Bordun,
ohne diesen gewiß gänzlich auszuschließen. "Die Übung mit den
Dominanten führt in vertraute musikalische Bezirke, doch ist
anzunehmen, daß sich durch die vorausgegangene Übung das
Stilgefühl so entwickelt und gefestigt hat, daß ein Abgleiten ins
Allzu-Konventionelle vor allem bei der Improvisation vermieden
werden kann" (Einl.). Die vierte Stufe wird nun ebenfalls behandelt, auch werden Septen und Nonen einbezogen.

Der *vierte Band* setzt sich musikalisch mit Moll (Aeolisch,
Dorisch, Phrygisch) auseinander; im Bordun wie mit Stufen, von
denen nun sämtliche einbezogen werden. Hier tritt eine neue
Welt an das Kind heran: "Die Ausweitung im Landschaftlichen
und Seelischen dokumentiert sich schon in der Auswahl der
Texte. Das Frühkindliche wird fast vollständig verlassen. An-
knüpfungen an das alte Volkslied liegen hier besonders nahe"
(Einl.).

Der *fünfte Band* schließlich eröffnet das Feld der "Dominanten in Moll", die fünfte Stufe ohne und mit Leitton und die vierte Stufe. Hier wie auch schon im dritten Band werden höchste Ansprüche gestellt. In besonderer Weise aber in der Abteilung "Zum Beschluß", die kleine Meisterwerke, wie den "Sonnenhymnus des heiligen Franziskus", die "Jubilationes" und drei Stücke aus dem "Wunderhorn", bringt. Der abschließende Teil des Bandes: "Rhythmisch-melodische Übung II" mit seinen Sprechstücken und Rezitativen führt direkt in Orffs "Musik der Sprache" hinein (drei Stücke aus Goethes "Faust", Sophokleischer Chor, "An einem österlichen Tag", "Quem queritis in sepulchro?"). Hier sind in den Anmerkungen wichtige Hinweise auf Orffs Sprech- und Rezitationsformen gegeben. Den Beschluß des Gesamtwerkes macht der folgende Vierzeiler aus dem "Walpurgis-nachttraum" des Goetheschen "Faust":

"Wolkenzug und Nebelflor
Erhellen sich von oben.
Luft im Laub und Wind im Rohr,
Und alles ist zerstoben."

Ein echt Orffscher Einfall! –
Bedeutet das Schulwerk geistig "Aufschließung des Urgrundes Musik", so vollzieht sich in seinem methodischen Lehrrahmen zugleich die Heranbildung vom Grunde primärer, naturgegebener Musizierformen zur Welt der *historischen Formen;* – in genau der gleichen Weise, wie die Beschäftigung mit der primären Klangwelt Verständnis und Handhabung der historischen Tonalitäts- und Klangsysteme eröffnet. Die Beschäftigung mit Bordun, Fauxbourdon, mit organaler Technik und Diskantieren und so weiter schafft in der Improvisation alle Voraussetzungen handwerklich-satztechnischer Gestaltungsmöglichkeiten; und die Urformen, die improvisierend verlebendigt werden, sie sind die Vorschule der komplizierteren späteren Bildungen der abendländischen Kunst. In Liedform und Variation, in Kanon, Chaconne und Rondo wächst das improvisierende schöpferische

179

Tun wie von selbst in die kunstvolleren Gattungen der Tonkunst hinein.

Neben der Behandlung des rein Musikalischen darf ein nachdrücklicher Hinweis auf die *Texte* wie auf den literarischen Wert des "Schulwerkes" nicht fehlen. Thomas stellt es als Fortsetzung in die Linie von Herders "Stimmen der Völker" und "Des Knaben Wunderhorn". Und in der Tat: "Eine Fülle europäischen Volksgutes kommt in ihm modellhaft zur lebendigen Wirkung."

Mit feinstem Gefühl wird das Urtümliche und Urtümlich-Bewegende an Stoffen als Grundlage aufgegriffen, Sage, Märchen, Volks- und Kinderlieder, Rätsel und alte Sinnsprüche. In den ersten Bänden bleibt der Umkreis dieser Literatur grundsätzlich zunächst auf den Mundartenkreis der deutschen Landschaften beschränkt. Vornehmlich mit dem vierten Bande weitet sich das Material zu einer wahrhaften Überschau auch hier über das abendländische Erbe in Raum und Zeit. Europäisches Volkslied – deutsches, französisches, spanisches, italienisches, nordisches – findet sich zusammen mit altdeutschen und mittelalterlichen lateinischen Texten, mit der Fülle der Balladenstoffe aus dem "Wunderhorn". Wenngleich nur "Entwurf", ist das "Schulwerk" auch literarisch als Ganzes aus dem Ganzen gestaltet und darf – neben seinen musik- und sprachaufschließenden Qualitäten, neben seinem stilbildnerischen Werte – auch als ein "Bildungswerk" im Zeichen des abendländischen Erbes angesprochen werden.

Die Auslese ist aber nicht nur so gefügt, daß sie die ganze Fülle der seelischen Brechungen, des Modellhaft-Elementaren wie des Modellhaft-Abendländischen spielen läßt: sie ist auch – wie das Theaterwerk Orffs im großen – in jedem Stück von einer Bildhaftigkeit, die Schau des Kindes, Schau des Volkes, eben echt Orffsche Schau ist.

Von der ganzen Fülle des volkstümlichen Gutes führt ein natürlicher Weg zu den Stücken des "Faust", zum griechischen Chor des Sophokles aus "Antigonae". "Natürlich" ist der Weg vor

allem dank Orffs lebendiger Sprachaufschließung, die alle Grenz-
zäune niederlegt und nur die Einheit aus dem Lebendigen kennt;
– nicht anders als wir heute aus lebendigem Umfassen auch die
Kunst der Urzeit mit vollem Recht neben die größten abendländischen Meisterwerke stellen.

Durchblättert man das von Orff geschaffene, beziehungsweise
eingeformte Musiziergut des "Schulwerkes", und besonders die
Stücke des vierten und fünften Bandes, so erkennt man, daß es
zwischen diesem und dem Schaffen für das Theater im Stil und
in der geistigen Haltung grundsätzlich keinen Unterschied gibt.
Manche Stücke der alten Sammlung (1935) haben den Weg ins
Theaterwerk gefunden. So wurde der alten "Geigenübung" die
"Intrade" der "Bernauerin" entnommen; das "Kinderlied" des
"Sommernachtstraums" (Titania-Zettel) entstammt der alten
"Klavierübung"; die Melodie des "Trompeters, der in den Mond
bläst" der "Geigenübung". Andere Hinweise könnten ergänzend
angefügt werden.

Der wichtigste Punkt der Verbindung von Schulwerk und thea-
thralischem Werke Orffs wird jedoch in der Grundtendenz der
neuen Ausgabe der fünfziger Jahre offenbar: die Sprachaufschließung wird auch hier bewußt ins Zentrum gesetzt.

Im Juli 1961 wurde in Salzburg an der Akademie 'Mozarteum'
(jetzt Hochschule) für Musik und darstellende Kunst eine Zentralstelle und ein Seminar für das Orff-Schulwerk gegründet.
Orff selbst bekannte bereits damals:

"Ich hätte nicht gedacht, daß meine pädagogischen Bemühungen in so kurzer Zeit von weitesten Kreisen verstanden und aufgenommen würden. Ich dachte bei der Abfassung des Schulwerks lediglich daran, meiner bairischen Heimat eine brauch-
bare und praktische Unterweisung für elementare Musikerziehung zu geben. Nun haben sich diese Ideen in den letzten zehn
Jahren so verbreitet, daß das Schulwerk heute bereits in über
zwanzig Sprachen unterrichtet wird. Um diesen verschiedenen,
weit auseinanderliegenden Bemühungen um das Schulwerk
einen Mittelpunkt zu geben und dem Werk eine Lehr- und

Heimstätte zu schaffen, einen Ort der lebendigen Praxis aber auch der Begegnung, der Aussprache und der gültigen Orientierung, wurde . . . in Salzburg am Mozarteum die 'Internationale Zentralstelle und Seminar für Orff-Schulwerk' ins Leben gerufen . . ."

In der Tat, schon in den fünfziger, noch mehr aber in den sechziger Jahren hat sich die Methode des Orff-Schulwerks und seines Instrumentariums in ungeahnter Weise über Europa, ja über die ganze Welt verbreitet. So erfolgte die Gründung der Zentralstelle gerade zur rechten Zeit für Lehrerbildung und Forschung. In der Eröffnungswoche des neuen Institutes (10. - 13. Juli 1961), für dessen Zustandekommen sich der damalige Präsident des Mozarteums, Dr. Eberhard Preussner, aus großer Vertrautheit mit Idee wie Werk nachdrücklichst einsetzte, wurde im Rahmen von einleitenden Vorträgen (Dr. Werner Thomas) vorgeführt, in welcher Weise die deutsche Ausgabe des Schulwerks auch für die Jugend anderer Nationen und Erdteile als Modellgrundlage dienen kann. Dazu ist einmal festzustellen, daß grundsätzlich das Material im seelischen Grunde des Menschlichen schlechthin verankert ist, so daß es für alle Länder ein Grundmaterial abzugeben imstande ist. Jedoch, da andererseits gewisse seelische Unterschiede nicht zu leugnen sind, die — wie das Volkslied es beweist — auch nach verschiedenen traditionsbegründeten technischen Ausdrucksbildern drängen, so kann man insgesamt drei Möglichkeiten in der Modellabwandlung ins Auge fassen:

1) Das musikalische Modell unterlegt nur einer andere Sprache;
2) das Modell wird, darüberhinaus, variiert, unter dem Einfluß länderbedingter eigenständiger Variationspraktiken; und schließlich kann
3) das Modell aus jeweils landestümlicher Haltung ganz frei gestaltet werden.

Die "Jahrbücher des Orff-Instituts" (I 1962; II 1963; III 1964 – 68, hgg. von W. Thomas und W. Götze) geben in einem reichen

Prisma von Aufsätzen und Sonderstudien Einblick in die theoretischen und geschichtlichen Grundlagen des Orff-Schulwerks
und seinen geistigen Standort; sie unterrichten ferner über die
weitgefächerte Arbeit mit elementarer Musik in der ganzen Welt
und dokumentieren wichtige Stationen ihrer Wirkung.

Eine gute Informationsquelle ist auch die 1972 herausgegebene
Sonderschrift "Zehn Jahre Orff-Institut, eine Dokumentation".
Als eine Neuausgabe besonderer Art und Wirkung kann die Ein-
spielung des Orff-Schulwerks auf zehn Musikplatten angesehen
werden ("Musica poetica", harmonia mundi Freiburg i. Br.). Diese klingende Dokumentation unter der Gesamtleitung von Carl
Orff und Gunild Keetman zeigt erneut das ganze Spektrum dieses Grundlagenwerkes elementarer Musik, von den frühkindli-
chen Anfängen bis zu den großen "Tanzstücken für Bläser und
Schlagwerk" von Gunild Keetman und den Musikalisierungen
großer Dichtung durch Carl Orff. Die Fragwürdigkeit des
Sprechchors wird damit durch ein neues, nach Geist und Technik verändertes Chorsprechen abgelöst. (Vgl. dazu Claus Thomas im "Jahrbuch III", S. 273 ff.).

Auch die klingende Wiedergabe des Schulwerks soll keineswegs
dazu verführen, diese Modelle einfach als Stoff für eine Einstu-
dierung zu verwenden; vielmehr wird auch durch sie die Eigen-
phantasie des Pädagogen zu weiterer Gestaltung aufgerufen.

Als wichtiges Datum für das Orff-Institut ist die am 25. Oktober
1963 erfolgte Übergabe des Neubaues auf dem Gelände des
Schlosses Frohnburg hervorzuheben. Schon 1970 mußte dieser
Neubau erweitert werden, um die wachsende Besucherzahl des
Instituts angemessen aufnehmen und ausbilden zu können.


## JUGENDMUSIK

Neben dem Hauptwerk "Musik für Kinder" umfaßt das "Orff-
Schulwerk" die Sammlung *"Jugendmusik"*. Sie enthält Spielstücke, die hauptsächlich der ersten Fassung des "Schulwerkes"
entnommen sind, bringt also ergänzendes Musiziergut.

Auch die *"Weihnachtsgeschichte"*, von Carl Orff als Hörspiel für Kinder entworfen und von G. Keetman in Musik gesetzt (1948), gehört in diese Reihe; sie wurde inzwischen vielfach konzertant wie szenisch aufgeführt.

Ferner wurde dieser Sammlung die Neufassung der *"Cantus-firmus-Sätze"* von 1929 ("*Zehn alte Melodien für Singstimmen und Instrumente"*), die 1954 neu herauskam, eingegliedert. Von Orff selbst enthält sie ferner: *"Einzug und Reigen"* (1952) sowie *"Stücke für Sprechchor"*. Dazu von Gunild Keetman: *Spielstücke für Blockflöten, Stücke für Flöte und Trommel, Spielstücke für Blockflöten und kleines Schlagwerk, Spielstücke für kleines Schlagwerk, Erstes Spiel am Xylophon, Spielbuch für Xylophon I - III, Übungs- und Spielstücke für Pauken*, u.a.m.; neben die *(Geigenübung I / II* und die *Klavierübung* von Orff tritt Hermann Regners *Bläserübung (Blechbläser)*. Auch *"Lieder für die Schule"* umfaßt diese reich gegliederte Sammlung. Sie wird fortgesetzt.

## PÄDAGOGISCHES WERK UND MUSIKTHERAPIE

Im Laufe des letzten Jahrzehnts hat das Schulwerk eine hochbedeutsame und ganz spezifische Aufgabe erhalten, indem die sich rasch entfaltende moderne Musiktherapie — ihren systematischen Ausgang nahm sie von Wien — sich das Instrumentarium wie auch die Grundidee dieser pädagogischen Konzeption zu eigen gemacht hat.

Es ist hervorzuheben: Nicht Orff ist zu den Medizinern gegangen, sondern die Mediziner sind zu Orff gekommen. Die für jeden leicht spielbaren Instrumente kommen der Aufnahme dieses Instrumentariums für heilpädagogische Zwecke sehr entgegen. Wir wissen, daß die Musiktherapie heute nicht allein, wie am Beginn, das Hören von Musik benutzt, um Patienten neurotisch-pathologischer Art zu beruhigen und ins Gleichgewicht zu bringen, bzw. eine Katharsis herbeizuführen, wie es ja die Anti-

184

ke bereits tat. Sie legt gerade — nach den gemachten Erfahrungen — Wert auf das Eigenmusizieren, da dieses noch intensiverer Einwirkungen fähig ist; wird der Patient hier doch nicht allein passiv durch Anhören, sondern durch aktives Tätigsein in Bann gezogen, stärker in seinen Konzentrationsbemühungen engagiert und zudem im Zusammenspiel einer Gemeinschaft eingegliedert. In den Jahrbüchern des Orff-Instituts finden wir bereits in den sechziger Jahren Aufsätze, die sich mit Musiktherapie und gerade auch der Frage des Wirkens "aktiven Musizierens" im Bereiche der Heilpädagogik befassen (Claus Thomas). Wilhelm Keller, der sich am Salzburger Institut betont der Heilpädagogik zuwandte, wurde 1973 Leiter der dem Orff-Institut eingegliederten Sonderabteilung "Institut für Musikalische Sozial- und Heilpädagogik". Ferner wurde der Akademie Amriswil (Nordostschweiz) 1973 eine Sektion "Elementare Musik / Orff-Schulwerk in Behindertenpädagogik und Musiktherapie" angegliedert. Über eine ganz persönliche Anwendung von Orff-Idee und Orff-Instrumentarium im Bereiche der Musiktherapie informiert eingehend das jüngst erschienene Buch von Gertrud Orff "Die Orff-Musiktherapie, Aktive Förderung der Entwicklung des Kindes" (Kindler-Verlag, München 1974).

# EPILOG

Das Schaffen Orffs für sich zu betrachten und auf den Weg des Verständnisses seines Wesens zu führen, sah der Verfasser als Aufgabe dieses Buches an. Der Eigenart des Werkes entsprechend mußte immer wieder auf die geistigen Hintergründe und Zusammenhänge hingewiesen werden. Denn Orffs Musik ist nicht ohne sein Theater, sein Theater jedoch nicht ohne die Bezüge zur geistigen Welt zu verstehen, aus der es gespeist wird, ja aus der es sich erst als "Welttheater" und damit zu einer höchst bedeutsamen neuen Form des Gegenwartstheaters aufbaut.

Naturhaft und von großem Rhythmus ist die Kurve des Orffschen Werdens und Schaffens. Jedes Werk ist aus innerem Zwang entstanden, ist langsam herangereift, gleichsam selbst ein Stück Natur; und auch der Anstieg seines Gesamtwerkes zum Kulminationspunkt seiner Strahlkraft und Auswirkung erfüllt sich in ruhigem, aber unwiderstehlichem Rhythmus. Zweiundvierzig Jahre war Orff alt, als die "Carmina Burana" den Weg zum Welterfolg aufschlossen. Und nach zwanzig Jahren erst hat dieses Werk die ganze Breite seiner Wirkung erreicht. Mag der Krieg ein äußeres Hemmnis gewesen sein; zutiefst sind alle Orffschen Schöpfungen diesem Eigenrhythmus des Werdens und der Entfaltung unterworfen. Auch der Erfolg der "Klugen" führte nicht sprunghaft nach oben, sondern vollzog sich in kontinuierlicher Aufwärtsbewegung. Die "Entrata" setzt sich erst heute nach fünfundzwanzig Jahren durch und ein Werk wie "Antigonae" ist noch weit davon entfernt, auf dem Gipfel seiner Strahlkraft angekommen zu sein. Es gehörte, wie einleitend gesagt, zur Bedingung des Buches, daß nichts rein Biographisches gebracht wurde. So spiegelt sich Orffs Persönlichkeit hier lediglich in seinem Schaffen. Späterer Zeit mag es vorbehalten sein, gesondert über den "Menschen" Orff zu berichten – ein Unterfangen, das auch weit über den Rahmen dieser Studie hinausgehen würde. Orffs Freunde, Schüler und Mitarbeiter aus allen

Perioden seines Lebens hätten dann ein Wort mitzusprechen. Nicht zuletzt müßte dabei auch Orffs umfangreicher Briefwechsel mit seinen treuen Verlegerfreunden, Dr. Ludwig und Willy Strecker, ausgewertet werden.

Viel wäre vor allem von seiner Arbeit mit seinen Schülern zu sagen. Von 1950 bis 1960 leitete Orff eine Meisterklasse für Komposition an der Hochschule für Musik in München. Auch von seiner Mitarbeit bei allen wichtigen Aufführungen – in Konzert, Theater, Funk, Schulwerkbereichen und anderen mehr – wurde in der vorliegenden Studie nicht gesprochen; auch hier wird der Freundes- und Mitarbeiterkreis berufen sein, zu erhellen, zu zeichnen, ein Wesensbild zu entwerfen. – Mit der Eröffnung der "Zentralstelle und des Seminars für das Orff-Schulwerk" am Mozarteum in Salzburg im Juli 1961 war Orff auch persönlich eine neue und bedeutsame Aufgabe zugefallen.

Unser technisches Zeitalter, dem der Mensch als geist-seelisches Individuum keineswegs gewachsen ist, läßt die Menschenseele verdorren. Wenn vonseiten der Psychologen die "Kreativität" des Menschen auf das Banner geschrieben wird und hierin in der Tat Rettung nicht nur für Kranke, sondern auch für Gesunde zur Erhaltung eben ihrer Gesundheit liegt, so hat Orffs Methode seit Jahrzehnten – das ist unleugbar – nach Theorie wie Praxis den Grund gelegt für das was man mit dem modernen Begriffe "Anregung zur Kreativität" meint. Alles Große ist nur allzuoft das Aufspüren der einfachsten und ältesten Wahrheit. So liegt es auch hier.

Wenn man Orffs Gesamtschaffen überblickt, so erkennt man, daß Orff, mit seinem Welttheater einerseits, seinem Schulwerk andrerseits die gewaltige Zäsur unserer Decadence und Wende überbrückend, den Bogen vom Urältesten bis zum gegenwärtigen Aufbruch einer erneuten unmittelbaren Seinsbeziehung spannt. Das Elementare seines musikalisch-szenischen wie pädagogischen Schaffens führt zu jenem unmittelbaren Wirklichkeitserlebnis, das mit einer ständig sich ändernden Welt und Selbstfindung verbunden ist. Hiemit schließt sich der Darstellungskreis dieses Buches und leitet zum Beginn zurück, zurück zu Orffs Worten: "In allem geht es mir schließlich nicht um musikalische, sondern um geistige Auseinandersetzungen."

# BIBLIOGRAPHIE
(Auswahl)

Böhm Suse, Spiele mit dem Orff-Schulwerk, photographiert von Peter Keetmann, J.B. Metzlersche Verlagsbuchhandlung, Stuttgart 1975.

Collaer Paul, Geschichte der modernen Musik, Kröner Verlag, Stuttgart 1936.

Dibelius Ulrich, Moderne Musik 1945–1965, Verlag Piper, München 1966.

Doflein Erich, Das Musiktheater C. Orffs, in: Musikalmanach Desch, München 1948.

– C. Orff und seine Bernauerin, in: Schweizer Musikzeitung, Verlag Hug & Co., Zürich 3/1958.

Feiler M. Christian, Reform der Musikpädagogik: „Das Orff-Schulwerk", in: Musik im Unterricht, Verlag B. Schott's Söhne, Mainz, Mai 1951.

– Das Orff-Schulwerk, in: Das Musikleben, Verlag B. Schott's Söhne, Mainz, 4/1951.

Forneberg Erich, Die Klage der Ariadne (Zwischen Monteverdi und Orff), in: Musica, Verlag Bärenreiter, Kassel, 4/1952.

Garre siehe Schmidt-Garre

Georgiades Thrasybulos, Zur Antigonae-Interpretation von C. Orff, in: Österr. Musikzeitschrift, Verlag E. Lafite, Wien, 7/1949, und in: Kleine Schriften, Verlag Hans Schneider, Tutzing 1977.

Gersdorf Lilo, Carl Orff, Rowohlt Verlag, Hamburg 1980.

Hackenbroich Heinz, C. Orff, in: Musiker von heute, Parzeller-Verlag, Fulda 1949.

Häusler Josef, Musik im 20. Jh. (Von Schönberg bis Penderecki) Schünemann Verlag, Bremen 1969.

Helm Everett, Carl Orff, in: The Musical Quarterly, Schirmer Verlag New York, July 1955.

Kaufmann Harald, Carl Orffs Musik heute, an Beispielen des Prometheus verdeutlicht, in: Neue Zeitschrift für Musik, Verlag B. Schott's Söhne, Mainz, 7/1973.

Keetmann Gunild, Elementaria – Erster Umgang mit dem Orff-Schulwerk, Klett-Verlag, Stuttgart 1976 (1970[1]).

– Elementaria, First acquaintance with Orff-Schulwerk, English translation by Margaret Murray. Schott and Co. Ltd., London 1974.

Keller Wilhelm, Carl Orffs Antigonae, B. Schott's Söhne, Mainz 1950.

– Einführung in „Musik für Kinder", B. Schott's Söhne, Mainz 1954.

– Carl Orff, in: Stilporträts der Neuen Musik, Verlag Merseburger, Berlin 1961.

– Carl Orffs Cantus-firmus Sätze, in: Musik im Unterricht, Verlag B. Schott's Söhne, Mainz, Januar 1963.

189

– Orff-Schulwerk und progressive Musikerziehung, in: Musik und Bildung, 11/11, Verlag B. Schott's Söhne, Mainz 1969.

Kemnitz Helmut, Die Kluge von C. Orff, in: Die Oper, Schriftenreihe zum Musikunterricht in der mittleren und höheren Schule, Verlag Robert Lienau, Berlin-Lichterfelde 1961.

Kieckert Ingeborg, Die musikalische Form in den Werken C. Orffs, in: Forschungsbeitrag zur Musikwissenschaft V, Regensburg 1957.

– Lebenswerk aus Rhythmus und Klang, in: Melos, Verlag B. Schott's Söhne, Mainz, 6/65.

Klein Rudolf, Zu Orffs „De temporum fine comoedia", in: Österr. Musikzeitschrift, Verlag E. Lafite, Wien 1973, H. 7/8.

Klement Udo, Das Musiktheater Carl Orffs, Beiträge zur musikwissensch. Forschung in der DDR, Bd. 14, VEB Deutscher Verlag für Musik, Leipzig 1982.

Kreye Barbara, Bildbericht über die Arbeit mit dem Orff-Schulwerk, Texte: K.H. Ruppel/Suse Böhm, Laokoon Verlag, München 1965.

Laaf Ernst, Ein Revolutionär, in: Melos, Verlag B. Schott's Söhne, Mainz, 16/1949.

– Carl Orff, in: Musik in Geschichte und Gegenwart, Bd. 10, S. 199–204, Verlag Bärenreiter, Kassel 1962.

Laux Karl, Carl Orff, in: Musik und Musiker der Gegenwart, Verlag Spael, Essen 1949.

Leontjeva Oksanka, Musik und Theater Carl Orffs, (in russischer Sprache), Moskau 1965.

Liess Andreas, Die Musikè téchne Carl Orffs, in: Musica, Verlag Bärenreiter, Kassel 1955.

– Carl Orff und die moderne Musik, in: Universitas, Wissenschaftliche Verlagsgesellschaft MBH., Stuttgart, Oktober 1958.

– Carl Orff, in: Encyclopédie de la musique, Edition Fasquelle, Paris 1961, Bd. III, S. 346–347.

– Carl Orff in Collier's Encyclopedia, New York 1962.

– Carl Orff und das Dämonische, Viernheim Verlag, Zürich 1965.

Luzzato Guido L., L'Antigonae di C. Orff, in: Dioniso, Bollettino dell'Istituto Nazionale del Dramma Antico, Siracusa, Juli/Okt. 1956.

Melchinger Siegfried, Modernes Welttheater, Schünemann-Verlag, Bremen, 1956.

Moser Hans Joachim, Musikgeschichte in 100 Lebensbildern, Reclam-Verlag, Stuttgart, 2/1958.

Niessen Carl, Die deutsche Oper der Gegenwart, Bosse-Verlag, Regensburg 1944.

Orff Carl, Bairisches Welttheater, Insel Verlag, Frankfurt 1952, und Süddeutscher Verlag, München 1972.

– Musik zum Sommernachtstraum; Shakespeare-Jahrbuch, Verlag Quelle & Meyer, Bd. 100, Heidelberg 1964.

- Elementare Musik – Das Schulwerk: Rückblick und Ausblick Universitas, Wissenschaftliche Verlagsgesellschaft MBH. Stuttgart 1966.
- 20 Jahre Schulwerk am Bayerischen Rundfunk, in: Musik und Bildung, 11/11, Verlag B. Schott's Söhne, Mainz 1969.
- Erinnerung, in: Carl Orff und sein Werk, Dokumentation Bd. I, Frühzeit, Verlag Hans Schneider, Tutzing 1975.
- Lehrjahre bei den alten Meistern, in: Carl Orff und sein Werk, Dokumentation Bd. II, Verlag Hans Schneider, Tutzing 1975.
- Schulwerk – Elementare Musik, in: Carl Orff und sein Werk, Dokumentation Bd. III, Verlag Hans Schneider, Tutzing 1976.
- The Schulwerk, Volume 3 of Carl Orff Documentation, Translated by Margaret Murray, Tutzing 1978, Schott/Music Corp., New York 1978.
- Trionfi (Carmina Burana, Catulli Carmina, Trionfo di Afrodite), in: Carl Orff und sein Werk, Dokumentation Bd. IV, Verlag Hans Schneider, Tutzing 1979.
- Märchenstücke (Der Mond, Die Kluge, Ein Sommernachtstraum), in: Carl Orff und sein Werk, Dokumentation Bd. V, Verlag Hans Schneider, Tutzing 1980.
- Die Bernauerin, Diptychon (Entstehung und Aufführungsgeschichte von Ludus de nato Infante mirificus und Comoedia de Christi Resurrectione), in: Bairisches Welttheater, Carl Orff und sein Werk, Dokumentation Bd. VI, Verlag Hans Schneider, Tutzing 1980.
- Abendländisches Musiktheater (Antigonae, Oedipus), in: Carl Orff und sein Werk, Dokumentation Bd. VII, Verlag Hans Schneider, Tutzing, 1981.
- Prometheus, in: Theatrum mundi, Carl Orff und sein Werk, Dokumentation Bd. VIII, Verlag Hans Schneider, Tutzing, 1983.

Orff Gertrud, Die Orff-Musiktherapie, aktive Förderung der Entwicklung des Kindes, Kindler Verlag, München 1974.
- The Orff Music Therapy, translated by Margaret Murray, Schott and Co. Ltd., London 1978.

10 Jahre Orff-Institut an der Hochschule für Musik und Darstellende Kunst „Mozarteum" Salzburg, eine Dokumentation, hrsg. von der Hochschule für Musik und Darstellende Kunst „Mozarteum", Universitätsdruckerei Anton Pustet, Salzburg 1972.

Orff-Jahrbücher des Orff-Instituts an der Akademie „Mozarteum", hrsg. von W. Thomas und W. Götze, B. Schott's Söhne, Mainz 1962 (Bd. I, deutsche und englische Ausgabe), 1963 (Bd. II), 1964–68 (Bd. III).

Orff-Schulwerk Informationen, hrsg. vom Orff-Institut an der Hochschule für Musik und Darstellende Kunst „Mozarteum", Salzburg.

Das Orff-Schulwerk, eine Aufsatzreihe in: Österr. Musikzeitschrift Verlag Lafite, Wien 1962.
- Unsere Musikfibel, Wesen und Bedeutung des Orff-Schulwerks, in: Musica, Verlag Bärenreiter, Kassel, 5/1951.

Oster Otto, Carl Orff und das musikalische Theater, Theateralmanach Desch, München 1974.

– Carl Orff, in: Das Musikleben, Melos-Verlag, Mainz, 3/1950.

– Carl Orff, Essay über seinen Musikstil, in: Melos, Verlag B. Schott's Söhne, Mainz 6/1950.

Reusch Fritz, Grundlage und Ziele des Orff-Schulwerks, Verlag B. Schott's Söhne, Mainz 1954.

Riezler Walter, Neue Horizonte, Bemerkungen zu C. Orffs Antigonae, in: Gestalt und Gedanke, Jahrbuch der Bayerischen Akademie der Schönen Künste, Oldenburg, München 1951.

Ruppel K.H., Carl Orff und das Theater, in: Musica, Verlag Bärenreiter, Kassel, 3/4 1948.

– Carl Orff, in: Carl Orff, ein Bericht in Wort und Bild, Verlag B. Schott's Söhne, Mainz 1955, 2. erw. und erg. Auflage, 1960.

– Von Oper ist nicht die Rede, in: Theater heute, Verlag E. Friedrich, Velber bei Hannover, Oktober 1965.

Rutz H., C. Orff und sein Schulwerk, Rhythmisch-melodisches Spiel, Vorstufe der Persönlichkeitsbildung, in: Österr. Musikzeitschrift, Verlag Lafite, Wien, 6/1951.

Sachs Curt und Lang Oskar, Einführung in die Neugestaltung von Orfeo, Verlag B. Schott's Söhne, Mainz 1925.

Schadewaldt Wolfgang, C. Orff Trionfi – Die Hölderlinsche Antigonae des Sophokles von C. Orff – Das Werk und sein neues Osterspiel – Zur Uraufführung des Oedipus der Tyrann nach Hölderlin von Carl Orff, in: Hellas und Hesperien, Artemis Verlag, Zürich 1960.

– C. Orff und die griechische Tragödie, in: Fr. Willnauer (Hrsg.), Prometheus, Mythos, Drama, Musik, Rainer Wunderlich Verlag Hermann Leins, Tübingen, 1968.

– Sophokles Antigonae, insel taschenbuch 70, Frankfurt 1974.

– Sophokles König Ödipus, insel taschenbuch 15, Frankfurt 1975.

Schilling O.E., C. Orff, in: Neue Musikzeitung, Verlag B. Schott's Söhne, Mainz, Sept. 1947.

Schmidt Wolfram Hugo, Carl Orff, sein Leben und sein Werk in Wort, Bild und Noten, Wienand-Verlag, Köln 1971.

Schmidt-Garre Helmut, Neue Formen der Musikbühne, in: Schweizer Musik-Zeitschrift, Verlag Hug & Co., Zürich, 79/1939.

Schneditz Wolfgang, Begegnung mit Zeitgenossen, Prestel-Verlag, München 1959.

Sellner Gustav Rudolf, Carl Orff und die Szene, in: Carl Orff, ein Bericht in Wort und Bild, Verlag B. Schott's Söhne, Mainz 1955, 2. erw. und erg. Auflage 1960.

Stäblein Bruno, Schöpferische Tonalität, zum Großaufbau von Orffs Antigonae, in: Musica, Verlag Bärenreiter, Kassel, 6/1952.

Steaps, H., Das Phänomen Orff oder Magie und Manier, in: Österr. Musik-zeitschrift, Verlag E. Lafite, Wien, 6/1951.

Stengele Roger, C. Orff et la musique moderne, in: Revue générale Belge, April 1957.

Sutter Ignace de, C. Orff, in: Jong Kulturleven/Belgien, H. 8/9, 1/1958.

Thomas Claus, Wege zu erklingender Sprache, „Stücke für Sprechchor" von Carl Orff, in: Musik und Bildung, 11/11, Verlag B. Schott's Söhne, Mainz 1969.

Thomas Werner, Wortmagie und Klangmagie, in: Musik im Unterricht, Verlag B. Schott's Söhne, Mainz, XLVI/1955.

− Wege und Stufen im Orff-Schulwerk, in: Carl Orff, ein Bericht in Wort und Bild, Verlag B. Schott's Söhne, Mainz 1955, 2. erw. und erg. Auflage, 1960.

− Das Orff-Schulwerk als pädagogisches Modell, in: Erziehung und Wirklichkeit, 9. Bd. des Jahrbuches Gestalt und Gedanke, hrsg. v. d. Bayerischen Akademie der Schönen Künste, Oldenbourg Verlag, München, 1964.

− Erklingende Sprache, in: Der Deutschunterricht, Klett-Verlag Stuttgart 1956.

− Wege zur erklingenen Sprache, Zu Stücken für Sprechchor von Carl Orff, in: Musik und Bildung, Verlag B. Schott's Söhne, Mainz, 11/1969.

− Latein und Lateinisches im Musiktheater Carl Orffs, in: Der Altsprachliche Unterricht XXIII, H.5, Klett-Verlag, Stuttgart 1980.

− Carl Orff, in: Riemann Musik-Lexikon, Bd. II, S. 345−347, Verlag B. Schott's Söhne, Mainz 1961.

− Raum und Figur im Musiktheater C. Orffs, in: Neue Zeitschrift für Musik, Verlag B. Schott's Söhne, Mainz, CXXI/1960.

− Orff-Bühne und Theatrum Emblematicum. Zur Deutung der Szene in Orffs „Trionfi", in: Jahrbuch des Orff-Instituts III, Mainz 1969.

− De temporum fine comoedia. Eine Interpretation. Verlag Hans Schneider, Tutzing 1973.

− Der Weg zum Werk, in: Carl Orff und sein Werk, Dokumentation, Bd. I, Frühzeit, Verlag Hans Schneider, Tutzing 1975.

− Musica Poetica − Gestalt und Funktion des Orff-Schulwerks, Verlag Hans Schneider, Tutzing 1977.

− Musica Poetica − Orff-Schulwerk. Einführungsheft und kommentierende Begleithefte zu der Schallplattenausgabe des Orff-Schulwerks bei harmonia mundi, Freiburg.

− Diptychon (Ludus de nato Infante mirificus, Comoedia de Christi Resurrectione), in: Bairisches Welttheater, Carl Orff und sein Werk, Dokumentation Bd. VI, Verlag Hans Schneider, Tutzing 1980.

− De temporum fine comoedia, in: Carl Orff und sein Werk, Dokumentation Bd. VIII, Verlag Hans Schneider, Tutzing 1983.

- Carl Orffs Antigonae' Wieder-Gabe einer Antiken Tragödie, in: Wiesmann, Sigrid (Hrsg.), Werk und Wiedergabe, Musiktheater exemplarisch interpretiert, Universitätsverlag Bayreuth, 1980.
- Monographien der Bühnenwerke Carl Orffs, in: Handbuch des Musiktheaters, hrsg. v. Forschungsinstitut für Musiktheater der Universität Bayreuth, München (in Vorbereitung)
- Carl Orff, in: Die großen Deutschen, Ullstein-Verlag, Berlin (in Vorbereitung).

Twittenhoff W., Orff-Schulwerk, Einführung in Grundlagen und Aufbau, Verlag B. Schott's Söhne, Mainz 1935.

Valentin, C. Orff, in: Kleine Bilder großer Meister, Verlag B. Schott's Söhne, Mainz 1951.

Wagner Wieland/Schäfer W.E., Carl Orff, Programm der Bayreuther Festspiele 1955.

Walter Arnold, C. Orff's Music for children, in: The Instrumentalist Evanston/Illinois USA.

Willnauer Fr., hg.: Prometheus-Mythos, Drama, Musik, Beiträge zu C. Orffs Musikdrama nach Aischylos, von G.R. Sellner, Karl Kerényi, Lynn Snook, H. Kaufmann und W.E. Schäfer, Rainer Wunderlich Verlag Hermann Leins, Tübingen.
- Musik und Darstellungsstil der „Klugen", in: Märchenstücke, Carl Orff und sein Werk, Dokumentation Bd. V, Verlag Hans Schneider, Tutzing 1979.
- Anmerkungen zu Carl Orffs „Sommernachtstraum", in: Carl Orff und sein Werk, Dokumentation Bd. V, Verlag Hans Schneider, Tutzing 1979.
- Astutuli – eine bairische Komödie, in: Bairisches Welttheater, Carl Orff und sein Werk, Dokumentation Bd. VI, Verlag Hans Schneider, Tutzing 1980.

Wörner K.H., Neue Musik in der Entscheidung, Verlag B. Schott's Söhne, Mainz 1954

Wolfgart Hans, Das Orff-Schulwerk im Dienste der Erziehung und Therapie behinderter Kinder, Verlagsbuchhandlung Carl Marhold, Berlin-Charlottenburg 1971.
- Orff-Schulwerk und Therapie, Therapeutische Komponenten in der elementaren Musik- und Bewegungserziehung, Carl Marhold Verlagsbuchhandlung, Berlin 1975.

Worbs Hans Christoph, Die Kluge, in: Welterfolge der modernen Oper, Rembrandt Verlag, Berlin 1967.

Zillig Winfried, Variationen über neue Musik, Nymphenburger Verlagsbuchhandlung, München 1959.

Zirnbauer Heinz, Das Klassische in den Werken Carl Orffs, in: Die pädagogische Provinz, Hirschgraben Verlag, Frankfurt/Main 1960.
- Die Quellen des Schulwerks, in: Neue Zeitschrift für Musik, Verlag B. Schott's Söhne, Mainz 116/1955.

Spezielle Kataloge:
Robert Münster:
*Carl Orff und das Bühnenwerk,* Katalog der vom 10.6.– 31.7.1970 veranstalteten Ausstellung an der Bayerischen Staatsbibliothek, Verlag Hans Schneider, Tutzing 1970.
Robert Münster, Renate Wagner:
*Das Orff-Schulwerk,* Katalog der vom 27.10.1978 – 20.1.1979 veranstalteten Ausstellung an der Bayerischen Staatsbibliothek, Verlag Hans Schneider, Tutzing 1978.

Spezielle Bibliographien:
*Zum Bühnenwerk:* Handbuch des Musiktheaters herausg. von Carl Dahlhaus u. Dietrich Mack, Piper Verlag, München (in Vorbereitung).
*Zum Schulwerk:*
   Musik und Bildung, 11/11, Verlag B. Schott's Söhne, Mainz 1968.
   Oberborbeck Klaus W., Die Literatur zum Orff-Schulwerk bis 1975, Versuch einer Übersicht und Gliederung, in: Orff-Schulwerk Informationen 17/1975, hrsg. vom Orff-Institut an der Hochschule für Musik und Darstellende Kunst „Mozarteum", Salzburg.

*Zur Musiktherapie:*
   Bibliographie zur Musiktherapie. Eine Auswahl, hrsg. von Claus Thomas in: Schriften der Akademie Amriswil, 1973.

# WERKVERZEICHNIS

## JUGENDWERKE

LIEDER:

*op.1–op.6(1),op.7 nach Texten von Uhland, Lenau *(Schilflied)*, Baumbach, Hölderlin, Lingg *(Weil du mir zu früh entschwunden)*, Heine, *(Die Wallfahrt nach Kevlaar)* o.a.

*op.8(1)–op.11  Storm, Münchhausen, Nietzsche, Arndt, aus der Edda u.a.

op.6(2)  *Schlaflied für Mirjam* (Beer-Hofmann) und

op.8(2)  *Immer leiser wird mein Schlummer* (Lingg) wurden in „Frühe Lieder" (1982) erstmals veröffentlicht.

op.12,13(3),15  *Eliland* (Stieler), *Märchen* (Haushofer), *Des Herzens Slüzzelin*

op.17  *Liebessorgen* (Greif), *Toskanische Volkslieder* (Heyse)

op. 18(1)  *Der Tod und die Liebe* (Münchhausen)  Seite 10,11

INSTRUMENTAL- UND CHORWERKE:

* *Also sprach Zarathustra* (Nietzsche) 1912  11 f.
* *Tanzende Faune,* ein Orchesterspiel, 1914  13
* *Treibhauslieder* (Maeterlinck) unvoll. 1914  13 f.
* *Monna Vanna* (Maeterlinck), symphon Dichtg., unvoll.  14
* Chöre, 2 Streichquartette  14

BÜHNENWERKE:

* *Gisei, das Opfer* (nach K. Florenz: Terakoya) 1913  12
* Entwürfe: *Aglavaine et Selysette, Der Tod des Tintagiles* (Maeterlinck), *Traumspiel* (Strindberg)  14
* Verschiedene Bühnenmusiken  14

## FRÜHE SCHAFFENSPERIODE

* Musik zum *Sommernachtstraum*, (1. Fassg.), 1917  14
* Bühnenmusik zu *Leonce und Lena* (Büchner) 1918  14, 72, 106
* *Orchesterlieder nach Dehmel*, 1919  14
  Lieder nach Franz Werfel, Lenau, Klabund, Nietzsche, um 1920  14, 19
  (Erstveröffentlichung in „Frühe Lieder", 1982)
* *Des Turmes Auferstehung*, Kantate (Werfel) 1920  15, 84

# SCHAFFENSPERIODE DER REIFE

BÜHNENWERKE

Monteverdi-Bearbeitungen:
*Orpheus,* in freier Neugestaltung, deutscher Text D. Günther, (1925) 1940
17, 41, 77, 80
*Tanz der Spröden,* in freier Neugestaltung, deutscher Text D. Günther, (1925)
1940 17, 79, 80
*Klage der Ariadne,* in freier Neugestaltung (Orff), (1925) 1940, 17, 80
*Carmina Burana,* geschr. 1935/36, Urauff. 1937 24, 25, 40, 44, 46, 48, 50,
52, 55, 65, 66, 68, 69, 72, 75, 81 – 88, 93, 95, 97, 99, 108, 126 – 131, 186
*Der Mond,* geschr. 1937/38, Urauff. 1939 24, 33, 44, 51, 55, 62, 63, 68, 69,
70, 72, 73, 75, 86, 88 – 92, 93, 95, 96, 98, 111, 147
*Die Kluge,* geschr. 1941/42, Urauff. 1943 13, 44, 51, 55, 62, 63, 68, 70, 72,
75, 86, 89, 91, 92 – 98, 99, 109, 111, 118, 186
*Catulli Carmina, Ludi scaenici,* geschr. 1942/1943, Urauff. 1943 22, 33,
34, 40, 44, 50, 55, 66, 70, 75, 93, 94, 99 – 104, 105, 126 – 131, 140, 142
*Ein Sommernachtstraum* (Shakespeare), 3. Fassung: geschr. 1939, Urauff.
1939, 4. Fassung: geschr. 1943/1944 (nicht aufgef.), 5. Fassung: geschr.
1952, Urauff. 1952, 6. Fassung: geschr. 1962, Urauff. 1962 13, 14, 33,
44, 47, 51, 61, 63, 65, 68, 72, 75, 87, 91, 96, 105 – 111, 118, 181
*Die Bernauerin,* geschr. 1944/45, Urauff. 1947 13, 39, 44, 45, 46, 51, 55,
60, 63, 64, 65, 66, 68, 69, 70, 75, 89, 93, 98, 99, 105, 106, 109, 112 – 116,
117, 139, 147, 181
*Astutuli,* geschr. 1944/45, Urauff. 1953 13, 44, 45 f., 51, 61, 63, 68, 69 f.,
72, 74, 75, 93, 105, 106, 113, 117 – 119, 129, 147
*Antigonae* (Hölderlin-Sophokles), geschr. 1940, 1947/48, Urauff. 1949 7,
9, 19, 33, 34, 38, 40, 42 f., 44, 46, 51, 52 f., 55, 63, 65, 68, 75, 97, 103,
119 – 126, 129, 130 f., 147, 148, 153, 154, 155, 156, 158, 180, 186
*Trionfo di Afrodite,* geschr. 1950/51, Urauff. 1953 33, 34, 40, 44, 46, 49,
52, 53, 74, 75, 88, 93, 99, 102, 105, 122, 123, 125, 126 – 131
*Trionfi,* (Carmina Burana, Catulli Carmina, Trionfo di Afrodite) Urauff.
1953 33, 127, 147
*Comoedia de Christi Resurrectione,* geschr. 1955, Urauff. 1956 7, 44, 46,
61, 63, 65, 113, 131 – 135, 147
*Lamenti* (Klage der Ariadne, Orpheus und Eurydike, Tanz der Spröden)
Urauff. 1958 81
*Oedipus,* geschr. 1951, 1957 – 59, Urauff. 1959 7, 33, 34, 38, 44, 46, 63, 65,
139, 146 – 156, 158
*Ludus de nato Infante mirificus,* geschr. 1960, Urauff. 1960, 1961 44, 46,
61, 63, 65, 113, 135 – 139, 141, 147
*Prometheus,* geschr. 1963 – 67, Urauff. 1968 77, 33, 44, 57, 63, 65, 74,
156 – 164.

## WERKE FÜR CHOR UND ORCHESTER

## WERKE FÜR A-CAPPELLA-CHOR

## DISKOGRAPHIE

Alle Bühnenwerke Carl Orffs, von der Musik zu Shakespeares *Sommernachtstraum* abgesehen, sind auf Schallplatte erschienen. *Die Bernauerin, Astutuli, Ludus de nato Infante mirificus* und *Comoedia de Christi Resurrectione* in Lesungen des Autors. (Schallplattenkassette „Bairisches Welttheater", Wergo 3007).
Die *Werfel*-Kantaten und *Brecht*-Chorsätze wurden zusammen mit den

A-cappella-Chören *Lugete o Veneres, Iam ver egelidos, Multas per gentes* und *Sunt lacrimae rerum* auf Schallplatte aufgenommen („Veni creator spiritus", Wergo 4006).

# ORFF-SCHULWERK

*Carl Orff – Gunild Keetman:*
Musik für Kinder            16, 18, 20, 55 – 60, 176, 179 – 183
Bd. I-V, 1950 – 54            51, 57 – 60, 176 – 183
Paralipomena, 1970
Die Weihnachtsgeschichte, 1948            184
    Text: Carl Orff, Musik: G. Keetman

EINZELAUSGABEN
Grundübungen (zsgest. v. E. Werdin)
Reime und Spiellieder
Frühling und Sommerbeginn
Liederbuch A, B, C, (herausg. v. W. Keller)

# ERGÄNZENDE UND WEITERFÜHRENDE AUSGABEN

*G. Keetman:*
Rhythmische Übung
Erstes Spiel am Xylophon
Spielbuch für Xylophon I, II, III
Üb- und Spielstücke für Pauken
Spielstücke für Blockflöten I, II
Stücke für Flöte und Trommel I, II
Spielstücke für kleines Schlagwerk
Spielstücke für Blockflöte und kleines Schlagwerk
*G. Keetman u. M. Ronnefeld:*
Elementares Blockflötenspiel
*Carl Orff:*
Einzug und Reigen
für Blockflöten, Zupf- und Schlaginstrumente
(aus der Musik zum Olympischen Festspiel 1936)
Klavierübung
Geigenübung I, II
*H. Regner:*
Bläserübung  I: für Blechbläser            184
          II: für Blechbläser und Schlagwerk

## LIEDER FÜR DIE SCHULE, 7 Bände

| | |
|---|---|
| Carl Orff, Bd. VI | 184 |
| G. Keetman, Bd. I, III, V, VII | |
| G. Willert-Orff, Bd. II, IV | |

*Carl Orff:*

| | |
|---|---|
| Cantus-firmus-Sätze | 18, 146, 184 |

Zehn alte Melodien für Singstimme u. Instrumente
(s. auch A-cappella-Chöre)
Rota
„Sumer is icumen in" Sommerkanon (13. Jh.)
für Chor und Instrumente

## MUSICA POETICA

Schallplattenreihe mit ausgewählten Stücken aus „Musik für Kinder",
Einführungs- und Begleitheft in deutscher, englischer und französischer
Sprache, harmonia mundi Schallplattengesellschaft, Freiburg.

## FREMDSPRACHIGE AUSGABEN

Afrikanische Ausg.: African Songs and Rhythms for Children
(W.K. Amoaku).
Amerikanische Ausg.: Music for Children (by 22 American contributers,
coordination H. Regner).
Brasilianische Ausg.: Cançoes des cranças brasilerias (Hermann Regner).
Canadische Ausg.: Music for children (Doreen Hall / Arnold Walter).
Teacher's Manual (Einführungsheft v. Doreen Hall).
Dänische Ausg.: Music for born (Minna Lange-Ronnefeld).
Englische Ausg.: Music for Children (Margaret Murray).
The Christmas Story (Margaret Murray)
Französische Ausg.: Musique pour enfants (Jos Wuytack / Aline Pendleton-
Pelliot).
Griechische Ausg.: Griechische Kinderlieder und Tänze I, II, (Polyxene,
Mathéy).
Italienische Ausg.: Musica per bambini (Giovanni Piazza).
Japanische Ausg.: Musik für Kinder (Naohiro Fukui).
Lateinamerikanische Ausg.: Música para Niños (Guillermo Graetzer).
Niederländische Ausg.: Muziek voor kinderen (Marcel Andries / Jos Wuy-
tack).
Portugiesische Ausg.: Música para Crianças (Lourdes Martins).
Schwedische Ausg.: Musik för barn (Daniel Helldén).
Spanische Ausg.: Música para Niños (Montserrat Sanuy / Luciano Gonzá-
les Sarmiento).

Tschechische Ausg.: Ceskà Orffova skola (Ilja Hurnik/Petr Eben).
Walisische Ausg.: Argraffiad Cymraeg (Ymarferiadau Llafargan/Ellinor Olwen Jones).

*Wo nicht anders vermerkt, sind alle Ausgaben im Verlag Schott erschienen.*

# NAMENREGISTER

205

# VERZEICHNIS DER NOTENBEISPIELE

# INHALTSVERZEICHNIS